青少年科学馆丛书

世界军事大观

SHIJIE JUNSHI DAGUAN

揭开未解之谜的神秘面纱，探索扑朔迷离的科学疑云；让你身临其境，保受益无穷。书中还有不少观察和实践的设计，青少年读者们可以亲自动手，提高自己的实践能力。

本书编写组 ◎编

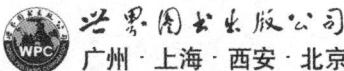

世界图书出版公司
广州·上海·西安·北京

图书在版编目（CIP）数据

世界军事大观/《世界军事大观》编写组编著.——广州：广东世界图书出版公司，2009.12（2021.5重印）
　ISBN 978-7-5100-1442-0

Ⅰ.①世… Ⅱ.①世… Ⅲ.①军事-世界-普及读物
Ⅳ.①E1-49

中国版本图书馆CIP数据核字（2009）第216980号

书　　名	世界军事大观
	SHIJIE JUNSHI DAGUAN
编　　者	《世界军事大观》编写组
责任编辑	刘国栋
装帧设计	三棵树设计工作组
责任技编	刘上锦　余坤泽
出版发行	世界图书出版有限公司　世界图书出版广东有限公司
地　　址	广州市海珠区新港西路大江冲25号
邮　　编	510300
电　　话	020-84451969　84453623
网　　址	http://www.gdst.com.cn
邮　　箱	wpc_gdst@163.com
经　　销	新华书店
印　　刷	北京兰星球彩色印刷有限公司
开　　本	787mm×1092mm　1/16
印　　张	13
字　　数	160 千字
版　　次	2009年12月第1版　2021年5月第11次印刷
国际书号	ISBN 978-7-5100-1442-0
定　　价	38.80元

版权所有　翻印必究

（如有印装错误，请与出版社联系）

前　言

军事是一个神秘而又令人刺激的领域。正因为它的神秘，所以我们渴望了解军事世界的真实。那么，什么是军事呢？恐怕，我们无从给它做一个清晰的界定。我们只能说：关于军队和战争的一切事物都是军事。所以，提到军事的时候，人们总会想到令人刺激的刀光剑影和炮火连天。

很显然，刀光剑影和炮火连天并不是人们想要的。但是，军事的存在正是为了世界的和平与安宁。这是因为世界上总有一些邪恶的势力为了一己之私利，去侵略爱好和平的人们。第二次世界大战时期的德国法西斯和日本军国主义集团就是这样的邪恶势力。当时，德国法西斯和日本军国主义集团给世界各国人们带来了极其惨痛的牺牲。所以，只有爱好和平的各国人民组建起自己的军队，建设起强大的军事力量，时刻防备邪恶势力的骚扰和入侵，才能保障世界的和平与安宁。同样，我们也只有在了解军事和战争以后，才能更好地理解世界和平的意义。

由此可见，走进军事世界不仅可以让我们了解军事世界的真实，还可以培养我们热爱和平的高尚情操。有鉴于此，我们组织编写了这部《世界军事大观》。

顾名思义，《世界军事大观》包含两层意思。其一，从历时的角度来说，它应包含从军事诞生之日到目前的一切关于军事的事物；其二，从共时的层面来说，它应包含当今世界各国的军事情况。本书在编写过程中也正是遵守了这一原则,力求内容丰富,尽可能地为广大青少年朋友呈现一个真实、全面的军事世界。

但是,军事涉及的方面实在太多了,我们不可能把它们都囊括到一本书里。所以,我们在编写本书的过程中,力求以点带面,既把军事涉及的所有方面都提到了,又兼顾了各方面知识的深度和可读性。希望广大青少年朋友能从本书中全面而深刻地了解军事。这也就是人们常说的"管中窥豹,略见一斑"!

另外,我们在编写本书的时候,采用了国别和时间两条线索,即先讲国内,再讲国外;先讲古代,再讲近现代。希望我们的精心安排能对广大青少年朋友阅读本书带来帮助!

目 录
Contents

神兵利器

中国古代战争中的神兵
　利器 …………………… 1
现代战争的近战利器——
　手枪 …………………… 5
枪械中的老大哥——步枪 … 9
冲锋枪、机枪和散弹枪 …… 13
叱咤风云的炮 …………… 17
各种各样的炮弹 ………… 23
现代陆战主将——坦克和
　战车 …………………… 27
蓝天上的战鹰——战斗机 … 32
海上霸主——战舰 ……… 37
机警灵敏的雷达 ………… 41
核、生化武器 …………… 45
研制中的新式武器 ……… 51

名将风采

飞将军——李广 ………… 55
大漠雄鹰——成吉思汗 …… 60
横刀立马的彭德怀 ……… 67
称霸欧洲的拿破仑 ……… 71
五星上将——麦克阿瑟 …… 76
上将总统——艾森豪威尔 … 83
苏联元帅朱可夫 ………… 90

著名特种部队

美国特种部队 …………… 98
英国特种部队 …………… 103
俄罗斯特种部队 ………… 107
以色列特种部队 ………… 112
西班牙特种部队 ………… 115
泰国特种部队 …………… 119
其他国家的特种部队 …… 124

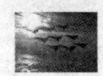

世界著名军校

保定陆军军官学校 …… 133
黄埔军校 …… 137
中国人民抗日军政大学 …… 143
西点军校 …… 146
桑赫斯特皇家军事学院 …… 154
圣西尔军校 …… 158
苏联伏龙芝军事学院 …… 161

经典战役

平型关大捷 …… 167
台儿庄会战 …… 173
淮海战役 …… 179
珍珠港事件 …… 184
斯大林格勒战役 …… 189
诺曼底登陆战役 …… 195

◆◆◆◆ 神兵利器

神兵利器

中国古代战争中的神兵利器

青铜战士的利器——戈

"青铜戈"是中国青铜时代最常用的格斗兵器,横刃,青铜制成,装有长柄。这种青铜制作的兵器主要用于钩杀和啄击,它的形状类似现在的镰刀,由戈头和柄组成。中国迄今为止出土最早的青铜戈是在河南偃师二里头遗址出土的直内戈。据考古学家测定,它距今约3500年。

在漫长的青铜时代,戈是车兵作战用的一种最常用的、最重要的格斗兵器,"青铜戈"是古代格斗兵器中最典型的代表,它不但反映了中国古代先进的青铜铸造工艺,也宣告了石器时代的终结。它在中国古代的军

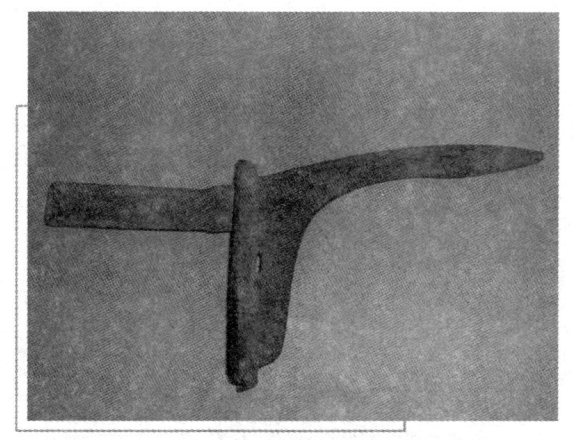

青铜戈

事技术史上，在我们现代军事思想上，都占有很重要的地位。譬如成语——"金戈铁马"、"同室操戈"、"化干戈为玉帛"等，戈的使用频率较高。

在古代军队中，戈是装备到每一个士兵的必备兵器。从夏朝开始，一直到周朝，贯穿了整个青铜时代。直到春秋战国时期，随着铁器时代的到来，青铜戈最终被由戈演化而来的铁"戟"所取代。

最早的管形射击火器——突火枪

一提到战争，大家想到的大多是刀光剑影或炮火连天。如果说刀光剑影代表了冷兵器时代的战争，那么自从突火枪出现以来，战争就逐步进入了火器时代。

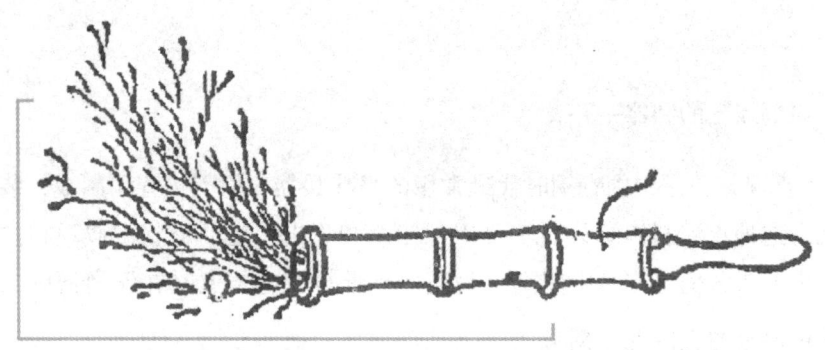

突火枪

突火枪是中国古代一种用火药发射弹丸的竹管射击火器。南宋开庆元年（1259）寿春府（今安徽寿县）已经开始制造这种火器了。据《宋史·兵志》记载，突火枪"以巨竹为筒，内安子窠"，点火后"子窠发出，如砲声，远闻百五十余步"。子窠是一种弹丸。突火枪由火枪发展演变而来。南宋绍兴二年（1132），陈规守德安（今湖北安陆）时，制成长竹杆火枪20支，用以喷射火焰，焚毁敌人的大型攻城器械"天桥"。南宋绍定五年（1232），金军曾用飞火枪同蒙古军作战，其制是以16层纸卷成筒，长2尺（约合0.62米）许，内实火药及铁滓、磁末等，再绑缚在矛的前端，临阵燃之，以烧灼蒙军人马，喷火后再用矛格斗。突火枪同上述火枪相比，已

经从喷射火焰烧灼敌人的管形喷射火器，发展为发射弹丸（子窠）杀伤敌人的管形射击火器。突火枪是世界上最早的管形射击火器，其发射原理为步枪、火炮发射原理的先导。

火炮时代的到来——中国古代火炮

中国古代火炮是一种口径和重量都较大的金属管形射击火器。它由身管、药室、炮尾等部分构成，滑膛多为前装，可发射石弹、铅弹、铁弹和爆炸弹等，大多配有专用炮架或炮车。自元朝以后，古代火炮开始成为中国军队的重要装备，主要用于攻守城塞，也用于野战和水战。

中国发明和使用火炮不迟于元朝，到明初已大批生产和装备部队。元末明初使用火炮作战的记载在《元史》、《明史》及其他历史文献中已经屡见，元朝和明洪武年间制造的火炮在中国各地博物馆中亦有收藏。

从16世纪20年代开始，中国火炮仍有发展。嘉靖年间制造的虎蹲炮，长1尺9寸（约合0.6米），重36斤（约合21.5千克），配有铁爪、铁绊，发射前可用大铁钉将炮身固定于地面，形似虎蹲，这种炮克服了发射时后坐力大、跳动厉害的缺点。

在此期间，欧洲火炮开始传入中国，其中影响较大的有佛朗机铳和红夷炮。佛朗机铳约在正德末年（1521年左右）从葡萄牙传入中国，它有一母铳和若干子铳，母铳身管细长，口径较小，铳身铸有准星、照门，可瞄准射击。铳身后有"巨腹"，腹上开有长孔，用以装填子铳。子铳类似一小火铳，一般备有5~9个，可预先装好弹药，战时轮流发射，提高了火炮射速。嘉靖初，中国开始成批仿制佛朗机铳，形制很多。

西方火炮的传入，促进了中国明朝后期火炮技术的发展，改善了军队的装备。据《练兵实纪·杂集》记载，戚继光的车营装备佛朗机铳256门，辎重营装备佛朗机铳160门。天启六年，袁崇焕以红夷炮凭城固守宁远（今辽宁兴城），击退了后金兵，毙伤敌数百人，后金统帅努尔哈赤在该役中中炮受重伤，不久死去。

清朝前期，清政府为适应统一全国及平定三藩叛乱等战争的需要，大

量制造火炮。主要有三种类型:

1. 红衣炮(即红夷炮)型,这种炮在中俄雅克萨之战中发挥了较大作用。

2. 子母炮型,类似佛朗机铳,如"子母炮"、"奇炮"等。

3. 大口径短管炮,如"冲天炮"、"威远将军炮"等。

康熙时比较重视火炮,仅据《清文献通考》记载,从康熙十三年至六十年,共造大小铜铁炮约900门。随着火炮的大量生产,康熙三十年,清政府成立火器营,专习枪炮。雍正五年(1727),清政府又规定各省绿营兵每千名设炮十位,火炮成为清军的重要装备之一。清朝中期以后,火炮的发展基本处于停滞状态。直至第一次鸦片战争前后,为抗击殖民主义者的侵略,各地军民又造了一些重型火炮,广东省虎门、江苏省镇江市等地至今仍保存有当时的抗英火炮。从19世纪50年代开始,清政府大量购买西方近代火炮,同时创办了一些近代军事工业,制造近代火炮,中国古代火炮逐渐被近代火炮所取代。

广东虎门抗英炮台

现代战争的近战利器——手枪

第一支手枪——左轮手枪

第一枝真正意义的手枪是美国天才枪械师塞缪尔·柯尔特发明的转轮手枪，也就是今天的左轮手枪。左轮手枪一般装弹6发，每扣动一下扳机，射一发弹，同时转轮向左转一格，击发下一发弹。我们在美国西部片中看到的美国牛仔，使用的就是这种转轮手枪。

自1835年美国的柯尔特发明转轮手枪之后，至今，已180余年，转轮手枪可谓是历久不衰。到了20世纪初，左轮手枪逐渐成为警用和民用防身手枪，而自动手枪取代了左轮手枪，成为军用手枪。

为什么警察和平民防身仍用左轮手枪呢？因为左轮手枪相对于自动手

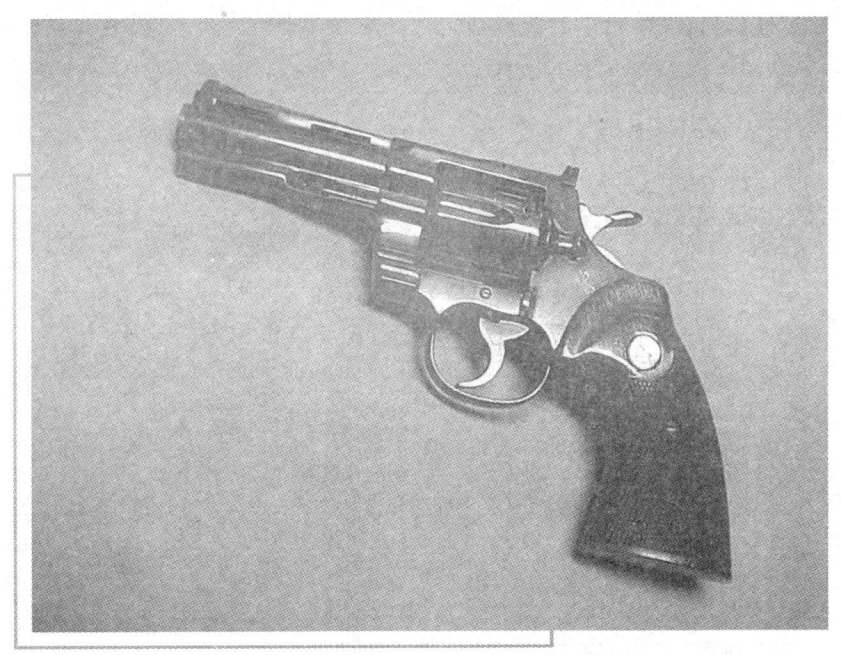

柯尔特左轮手枪

枪有一个大优点：不卡壳。我们知道，由于火药受潮等种种原因，有的子弹会"瞎火"，即发射不出去，自动手枪遇到这种情况就"傻眼"了，而左轮手枪只需要再扣一下扳机，就可以"省略"这颗臭弹而击发下一发弹，这在千钧一发的决斗中是相当重要的。虽然现在"瞎火"率为千分之一或万分之一，但左轮手枪的这一优点仍深受人们喜爱，一些制作精美、威力巨大的左轮手枪更为收藏家所青睐，那些短小精悍的左轮手枪则是淑女名媛的防身利器。虽然左轮手枪已有100多岁了，但它仍宝刀未老，英姿焕发，与自动手枪一较短长。

但是，同左轮手枪相比，自动手枪也有自己的优点。它威力大，容弹多，装弹快，可连续射击，从而成为军用手枪中的佼佼者。自动手枪中的名枪很多，主要有：德国的"毛瑟枪"、美国的"柯尔特"M1911A1、意大利的"贝雷塔"92F、勃朗宁等等。

第一支军用自动手枪——毛瑟1896型

毛瑟枪是自动手枪中的佼佼者之一。它由德国的毛瑟兄弟设计制作的。世界上第一支军用自动手枪就是毛瑟1896型手枪。这个名字大家可能有些

毛瑟1896型自动手枪

陌生。但是它的另两个名字，大家就都知道了——"驳壳枪"或"盒子枪"。在许多反映抗日战争和解放战争的影片中，八路军和解放军使用的手枪就是这种枪。这种枪的枪套为一个木盒子，接在枪把上就可以当卡宾枪用，故称"驳壳枪"。它的威力大，射程可达150米。另一枝闻名遐迩的驳壳枪是毛瑟M1932式手枪，也就是人称"二十响大镜面"、"快慢机"的手枪，口径7.63毫米，枪长320毫米，装弹20发，可以打连发，一扣扳机就是一梭子子弹，威力惊人，火力猛烈，人称"小机枪"，是深受指战员青睐的武器，至今仍在一些第三世界国家使用，可谓手枪中的长青树。

第一支成熟的自动手枪——"柯尔特"M1911A1

第一支成熟的自动手枪是"柯尔特"M1911A1。它由天才的枪械设计大师约翰·勃朗宁设计，于1911年装备美国部队，至1985年被"贝雷塔"92F式手枪顶替之前，在军界服务70余年，深受美军官兵喜爱，至今仍有军官佩带"柯尔特"，拒绝使用"贝雷塔"手枪。"柯尔特"手枪采用11.43毫米口径，是手枪中绝无仅有的大口径，威力大于当今世界流行的9毫米口径。当然，并不是说所有的枪都是口径越大杀伤力越大，但作为手枪用弹，在近距离还是口径大的杀伤力大。"柯尔特"枪装弹7发，枪长216毫米，重1.13千克，射程为75米。

"柯尔特"M1911A1 自动手枪

当代手枪中的精品——"贝雷塔"92F

"贝雷塔"92F式手枪是由意大利"贝雷塔公司"设计生产的。意大利

"贝雷塔公司"是一家历史悠久的老牌公司,由皮特罗·贝雷塔于1680年创建,历经300余年,长盛不衰,至今已形成手枪、冲锋枪、自动步枪、霰弹枪等系列产品,产品质量可靠,造型富于美感,制做精细而闻名世界。"贝雷塔"92F口径为9毫米,枪长217毫米,前端露出一小段枪管,形成其外型特色,

"贝雷塔"92F自动手枪

扳机前部的护圈呈半月形,利于双手握持射击,枪把上有"贝雷塔"公司的徽标:三枝箭。装弹量为15发,空枪重950克。"贝雷塔"92F手枪无论外型、质量,还是火力、精度,都堪称当代手枪之精品。

手枪中的名牌——勃朗宁

勃朗宁手枪由美国著名的轻武器设计师约翰·勃朗宁设计。产品主要由比利时的FN国营兵工厂、美国的柯尔特武器公司及雷明顿武器公司制

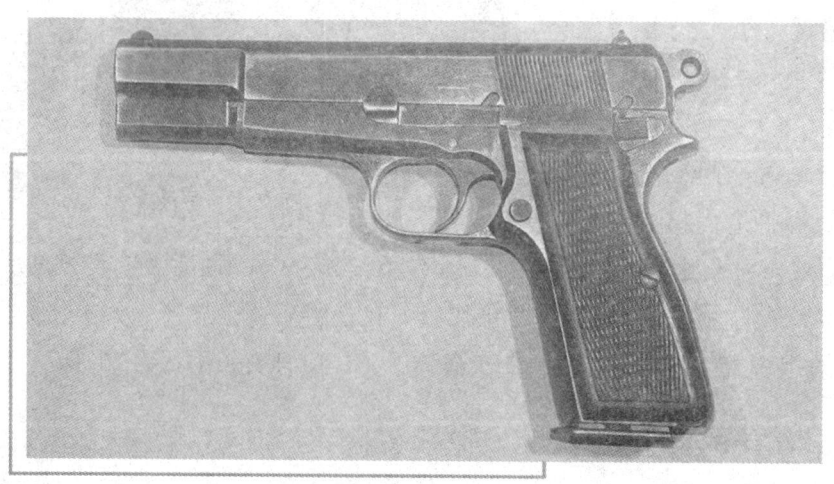

勃朗宁640型手枪

造。比利时FN国营兵工厂制造的勃朗宁手枪种类较多，其中有军用手枪、警用手枪和袖珍手枪，口径有6.35毫米、7.65毫米和9毫米，手枪的自动方式有自由枪机式和枪管短后坐式。比利时勃朗宁M1900 7.65毫米手枪，自动方式为自由枪机式的手枪，并获得专利，这是世界上第一种自由枪机式自动方式的手枪。1900年，比利时的FN国营兵工厂获得生产特许权并开始制造，该手枪被比利时军队列为制式手枪，枪的全称为：勃朗宁M1900 7.65毫米手枪。这种手枪在解放前流入中国较多，在我国被称为"枪牌手枪"。

勃朗宁M1900手枪由枪管、套筒、握把和弹匣组成，发射7.65毫米半突缘式勃朗宁手枪弹。枪管有6条膛线，导程约230毫米。套筒前端设有准星，后端有"V"形缺口照门。套筒前部有平行的上下两孔，上孔容纳复进簧，下孔容纳枪管，击针等部件在套筒后部。

枪械中的老大哥——步枪

"三八大盖"——"三八"式步枪

在抗日战争的电影中，我们经常可以看到日本小鬼子手端一支步枪，气势汹汹扫荡，这种枪就是"三八"式6.5毫米步枪，俗称"三八大盖"。这种步枪是1905定型生产的，为枪机直动式步枪，即非自动型。每射一发子弹，士兵要用手推拉枪机一

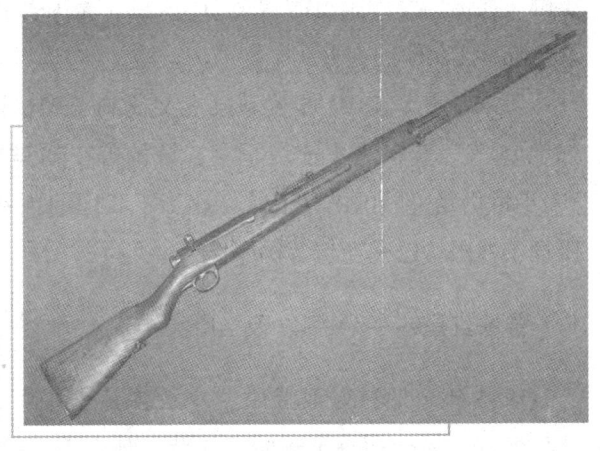

"三八"式步枪

次，以完成退壳、上弹和压缩击针簧等动作，由 5 发装固定弹仓供弹。由于其枪机上方装有一拱形防尘盖板，拉动枪机时盖板随同运动，故称"三八大盖"。

三八式步枪是当时一种优秀的步枪，射击精度高，射程远（最远可达 2400 米），但全枪过长（1280 毫米），不便于携带，由于发射 6.5 毫米"友坂"尖头弹，威力还嫌不足。日本当局在 1941 年又研制装备了"九九"式 7.7 毫米步枪，口径更大，枪身短小一些，威力增大，但也无法挽救其失败的命运。"三八"式步枪作为日本帝国主义侵略的"帮凶"，也欠下了累累血债，但仍不影响其成为一代名枪。

划时代的杰作——M1"春田"式步枪

说 M1"春田"式步枪是划时代的杰作，一点都不过分。它是世界上第一支大批量装备部队的半自动步枪。半自动步枪区别于非自动步枪之处在于它不用每发射一颗子弹就推拉一次枪机，而是每扣一次扳机就发射一颗子弹，用火药气体的力量退壳、上弹，其发射速度大大高于非自动步枪。

M1 步枪由美国著名枪械设计师伽兰德设计，又称"伽兰德"步枪，口径 7.62 毫米，枪长 1170 毫米，重 4300 克，装弹 8 发，它精度好，可靠性高，赢得了美国及同盟国官兵的一致喜爱。在二战中，除了可口可乐外，美国大兵最为津津乐道的就是 M1 步枪。美国著名的四星上将巴顿将军就喜欢把 M1 挂在他的吉普车上。

后来，美军在 M1 步枪基础上又研制了 M1 卡宾枪，枪长 904 毫米，装弹量 15 发，装备美军连级军官，该枪曾在朝鲜战争大出风头。时至今日，M1 步枪仍是美国国民警卫队（相当于我国的预备役部队）的制式装备，并服役于韩国、巴基斯坦等国军队。

苏联红星——AK—47 及 AK—74

1941 年莫斯科保卫战中，一枚弹片击中了红军战士米哈伊尔·卡拉什尼柯夫，使他住进了医院，从此，他走上了另外一条人生道路，世界枪坛也发生了一场划时代的革命。住院期间，出于对枪械的热爱和打发闲暇

时光，卡拉什尼柯夫设计了一种突击步枪，这是一种可连发，火力猛，短小轻便的步枪。老一辈枪械大师慧眼识英才，采纳了这个"后生小子"的设计，于1947年定型生产，称为AK—47，A是俄语自动步枪的缩写，K是卡拉什尼柯夫的名字开头字母。AK—47于1951年装备苏联红军，这种步枪长869毫米，大大短于当时的步枪，重4300克，配备30发弹夹，口径为7.62毫米，射速每分钟600发，射程400米，但其弹头在1000米处仍有杀伤力。

AK—47自动步枪

AK—47名扬四海是在越南战争中，手持AK—47的北越游击队使美国大兵吃尽了苦头。后来，美国士兵虽有M—16同AK—47抗衡，但由于AK—47坚固、耐恶劣环境、便于维修、威力大，所以有的美国士兵丢下手中的M—16而捡起敌人抛掉的AK—47，足见其性能之优越。从此，AK—47被大量出口。非洲、南美、古巴、中东，只要有硝烟战火的地方，就可以看到它的身影，甚至成为恐怖分子的偏爱。AK—47从问世至今共生产了7500万枝，是迄今为止生产数量最多，装备国家最广和最受赞誉的自动步枪。卡拉什尼柯夫也因此名扬全球，被誉为"世界枪王"。

为顺应世界范围内的"小口径化浪潮",卡拉什尼柯夫于1974年设计定型了AK—74小口径自动步枪。它口径5.45毫米,枪重3150克,枪长930毫米,装弹30发。AK—74最明显的特点是弹夹为橙黄色,而不像一般枪械为黑色。AK—74问世之后,在阿富汗战争中经受了考验,成为苏军制式装备。

百发百中的步枪——狙击

狙击步枪,就是指装有光学瞄准镜,用于对单个目标进行精确射击的步枪。在战场上主要用于消灭敌方指挥官、机枪手、哨兵等重要单个目标。

狙击步枪分两种,一种是在现有步枪的基础上,加装高倍瞄准镜、重枪管、两脚架改装而成,如德国的HKPSG1狙击步枪,瑞士SIG550狙击步枪等。另外一种是专门制做的狙击步枪,这种枪一般为专门订做,射程更远,精度更高。一般为单动击发式,即每发射一颗子弹,即拉动枪机一次,退弹上膛。这种狙击步枪一般采用大威力枪弹,一枪毙命。其中精品有美军M24狙击步枪,TRG—21狙击步枪,RAIM300变换式狙击步枪,SSG2000狙击步枪,SSR消音狙击步枪等等。以上所说的主要是中口径狙击步枪,主要用以消灭800—1000米距离的目标,下面要介绍的是可怕的大口径狙击步枪。

大口径狙击步枪口径一般为12.7毫米和14.5毫米,采用大号子弹,可装炸药。因此,其战术作用已不仅仅是对付人,而且用于摧毁敌

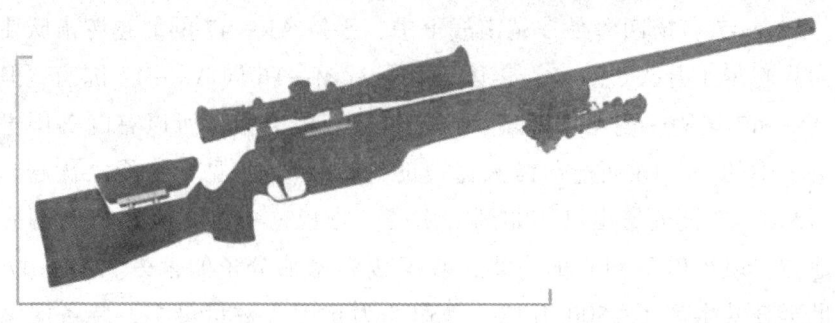

SSG2000 狙击步枪

方通讯器材（如雷达）、轻型装甲车、汽车、飞机等，美国在海湾战争中用它来引爆水雷。大口径狙击步枪枪身长，均在1000毫米以上；射程远，可达1500—2000米；威力大，弹头内装炸药，威力相当于小炮弹，可把人炸飞；重量也大，一般在10—20千克左右，装20倍瞄准镜，精度高。美国巴雷特公司的狙击步枪目前大受欢迎，主要是M82A1，长1549毫米，重14.7千克，装弹11发，射程1800米，此枪在海湾战争中大出风头；美国佩瑞恩公司的12.7毫米TSW大口径步枪是另一颗明星，枪长1490毫米，重13千克，装14倍瞄准具，装弹量10发，威力大但后座力小，弹头可穿透钢装甲之后爆炸，可谓令人胆寒。今天，随着大口径狙击步枪的不断完善，将有越来越多的特种部队装备它，相信它一定会在战场上大显身手。

冲锋枪、机枪和散弹枪

纳粹屠刀——MP38/40冲锋枪

每部描写"二战"的影片中都可以看到MP38/40的身影，凶神恶煞般的德国士兵手持MP38/40扬威逞能，虽然它成为一代名枪，却被冠上了

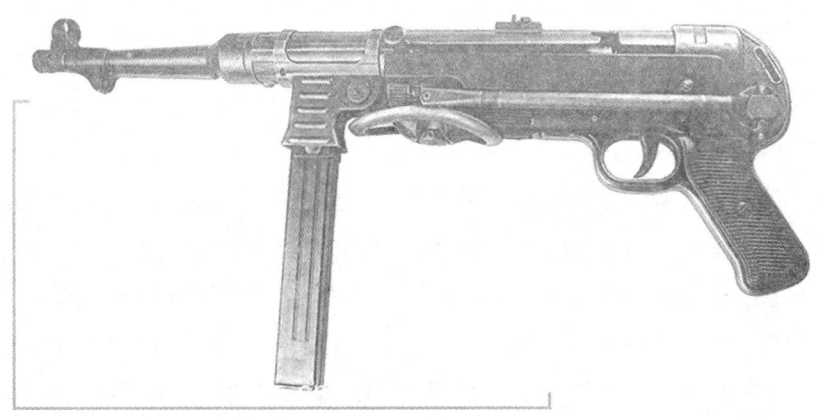

MP40冲锋枪

"纳粹屠刀"的恶名。MP38/40 于 1938 年由德国天才枪械设计大师施梅瑟研制成功,这是世界上第一支采用合金塑料制造并具有折叠枪托的冲锋枪,在当时是十分先进的。枪托折叠后,全枪显得短小精悍。由于实际使用中出现"走火"伤人事件,施梅瑟又对其进行改造,推出 MP40 冲锋枪。MP40 伴随德国军队东征西讨,到处侵略,犯下了滔天罪行。但由于它便于携带,可靠耐用,不仅德军官兵十分喜爱,甚至许多美、英、苏军也大量使用缴获的 MP40 冲锋枪,对其性能大加赞赏,可见一代名枪的"魅力"果然不小。MP40 冲锋枪枪长枪托折叠时 630 毫米,枪托打开时 833 毫米,口径 9 毫米,重 4.3 千克,装弹 32 发。

精巧的微型冲锋枪

微型冲锋枪简称"微冲",枪长一般不超过 35 厘米,可隐藏在大衣中携带,因此深受保镖喜爱,也是黑社会杀手、恐怖分子的"宠儿"。闻名遐迩的微冲有:捷克"蝎"式微冲,口径 7.62 毫米,枪长 26 厘米,重 1.6 千克,装弹 20 发。在数次政治暗杀中,刺

微型冲锋枪

客使用的都是该枪。美国"英格拉姆"微冲,枪长仅 22 厘米,重 1.5 千克,装弹 32 发。每分钟发射 1200 发子弹,轻轻一扣扳机就是十几发子弹,火力十分猛烈,曾深受哥伦比亚贩毒分子喜爱。美国 KG9 微冲,枪长 31 厘米,重 1.3 千克,装弹 32 发,除警察、保安人员使用外,流入黑社会,美国许多街头流氓分子均使用此枪。美国"卡利克"冲锋枪,长 35 厘米,使用一种新颖的"滚筒"式弹鼓,装在枪身上方,十分小巧,可装弹 50 至 100 发,火力强大,现仅为美国特警专用,并少量出口沙特阿拉伯、科威特。微型冲锋枪因便于隐蔽携带,火力猛,因此一般不在市场公开出售,

但一些犯罪分子不惜冒生命危险也要搞到一支，危害社会。因此微冲已被限量生产，如"英格拉姆"冲锋枪已被停产。

战场上的主旋律——机枪

提起机枪，大家都不会陌生。许多战争影片都对机枪的威力表现得淋漓尽致。机枪一"发言"，敌人便成片成片地倒下。机枪是战场上对步兵进行支援的主要武器。可分为轻机枪、重机枪、高射机枪、坦克机枪等。后两种基本属于重机枪。那么，如何区别轻机枪和重机枪呢？轻机枪使用步枪弹，有效射程为500—800米。枪身比较轻，一般来说一个强壮些的士兵就可以操纵自如；重机枪使用大威力枪弹，口径一般也比较大，射击时固定在三脚架上，射程一般在1000米以上，是连级单位的主要支援武器，需要两到三个人来"伺候"它。第二次世界大战后，诞生了通用机枪，一挺轻机枪在更换枪管，加装三脚架后就成为重机枪。最早的机枪是英国的"加特林"机枪。它更像一门炮，有6个枪管，用枪身上方的368发弹鼓供弹。射击时，一个人摇动手柄，6个枪管开始旋转，另一人扣动扳机，子弹

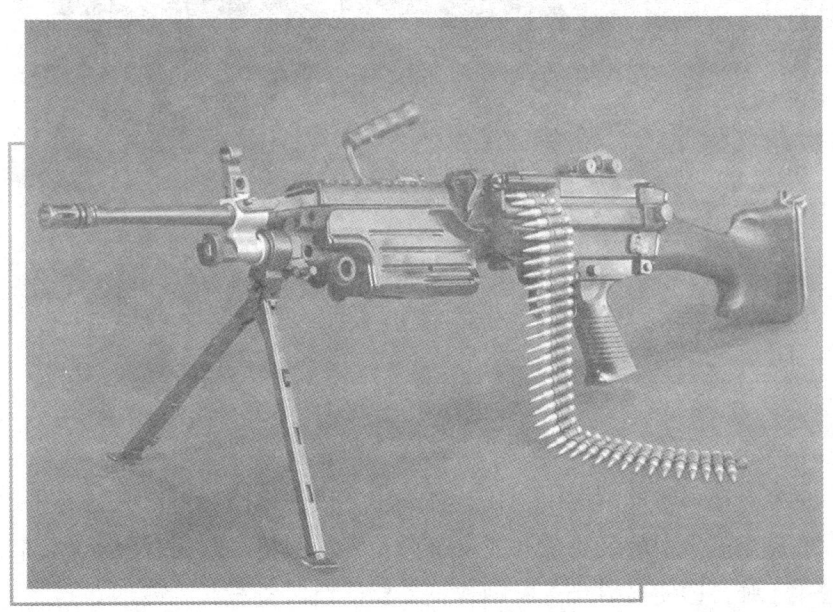

美国 M294 轻机枪

射出。今天看来，十分可笑。机枪从诞生至今，已有100多年了。

近战利器——霰弹枪

霰弹枪是一种十分可怕的武器，我们经常可以在银屏上看到它：主人公用它一枪就把门轰得千疮百孔，或把敌人打得飞了出去，这并不夸张。霰弹枪发射一种大号霰弹，口径一般在18.5毫米左右，每颗霰弹内装50—120粒钢珠，一枪出去，不亚于"万箭齐发"。霰弹枪在近战中特别厉害，敌人出现时，不必精确瞄准，只需对准大致方向轰上一枪，即使不能全部命中，让敌人挨上几十粒钢珠亦非难事。即使完全没有命中，敌人看到墙上布满蜂窝状的弹孔，也会吓得六魂出窍而丧失抵抗能力。

自动霰弹枪

同样，在黑暗的情况下，在丛林战中，霰弹枪同样可以大显身手。美国仅在越南战争中就装备了几万支霰弹枪。霰弹枪一般射程在50米左右，贯穿力不强，即使身中几十粒钢珠，只要能及时抢救，一般不会丧命。这一特点更使霰弹枪深受警察喜爱。在闹市区发生枪战时，警员最担心自己

 神兵利器

射出的子弹穿透罪犯身体后，伤及无辜群众，对于手持霰弹枪的警察来说，他就可以放心开枪射击了，只要使用得宜，远处的流弹不会造成很大伤害。这种近处威力大，远距离伤害小的枪支，自然深受宠爱。美国警察每辆警车即装备一把霰弹枪，成为震慑犯罪的利器。

霰弹枪可分为军用、警用和民用霰弹枪。军用多为全自动连发射击，警用为半自动射击，民用为单动射击，每发射一发子弹，用手推拉前护木完成退壳上弹的过程。军用霰弹枪代表是意大利弗兰奇SPAS15，一扣扳机，6发霰弹全部射出，每发霰弹内装120粒钢珠，一次连发，可射出720粒钢珠，敌人就算有通天之能，也难逃一死。警用霰弹枪代表首推弗兰奇公司的SPAS12型枪，该枪长80厘米，重4.3千克，装8发霰弹，既可半自动射击，也可单动射击。此枪别具特色之处是可折叠的枪托上有一倒钩，可以扣住手臂，实施单手射击。民用枪首推美国雷明顿M870型，长96厘米，重3.1千克，装6发霰弹，主要用于防身、打猎之用，只能单动射击。

叱诧风云的炮

贯穿陆军装备始终的迫击炮

迫击炮是对遮蔽目标实施曲射的一种火炮，多作为步兵营以下分队的压制武器。其最大本领是杀伤近距离或在山丘等障碍物后面的敌人，用来摧毁轻型工事或桥梁等，也可用于施放烟幕弹和照明弹。迫击炮从诞生到现在，一直都是陆军的重要装备。

世界第一门真正的迫击炮诞生在1904年的日俄战争期间，发明者是俄国炮兵大尉尼古拉耶维奇。当时沙皇俄国与日本为争夺中国的旅顺口而展开激战。

俄军占据着旅顺口要塞，日本挖筑堑壕逼近到距俄军阵地只有几十米的地方，俄军难以用一般火炮和机枪杀伤日军。于是尼古拉耶维奇便试着将一种老式的47毫米海军炮改装在带有轮子的炮架上，以大仰角发射一种

长尾形炮弹，结果竟然有效杀伤了堑壕内的日军，打退了日军的多次进攻。这门炮使用长型超口径迫击炮弹，全弹质量11.5千克，射程为50—400米，射角为45—65度。这种在战场上应急诞生的火炮，当时被叫作"雷击炮"，它是世界上最早的迫击炮。

第一次世界大战中，由于堑壕阵地战的展开，各国开始重视迫击炮的作用，在"雷击炮"的基础上，研制出多种专用迫击炮。1927年，法国研制的斯托克斯—勃朗特81毫米

67式迫击炮

迫击炮采用了缓冲器，克服了炮身与炮架刚性连接的缺点，结构更加完善，已基本具备现代迫击炮的特点。

到第二次世界大战时，迫击炮已是步兵的基本装备，如当时美国101空降师506团E连的编制共140人，分为3个排和1个连指挥部。每排有3个12人的步兵班和1个6人的迫击炮班，每个步兵班配备1挺机枪，每个迫击炮班配备1门60毫米口径的迫击炮。此时，迫击炮的结构已相当成熟，完全具备了现代迫击炮的种种优点，如射速高、威力大、质量轻、结构简单、操作简便等，特别是无需准备即可投入战斗这一特点使其在二战中大放异彩。据统计，二战期间地面部队50%以上的伤亡都是由迫击炮造成的。世界上最大的迫击炮"利特尔·戴维"就诞生在第二次世界大战期间，现存放于美国马里兰州军械博物馆。该炮的口径为914毫米，炮筒质量为65304千克，炮座质量为72560千克，发射的炮弹质量约为1700千克。它是为当时盟军正面攻破德军"齐格菲"防线而秘密设计制造的。然而，这门独一无二的迫击炮刚刚造好，战争就结束了。因此

该炮还没有来得及放一炮,就宣布退役了。

步兵的火力支援——加农炮、榴弹炮

加农炮是指发射仰角较小,弹道低平,可直瞄射击,炮弹膛口速度高的火炮。常用于前敌部队的攻坚战中。榴弹炮则是发射仰角大,弹道较高而弯曲,不能直瞄射击而炮弹能飞越障碍物攻击目标的火炮,一般射程较加农炮远,常用于第二线的阵地上对最前线的火力支援和对敌阵的火力压制。现代军事装备上还有将加农炮和榴弹炮的功能合而为一的火炮——加农榴弹炮,简称加榴炮。

榴弹炮

二次大战前后,口径在 105—108 毫米的加农炮得以迅速发展,炮身长一般为 30—52 倍口径,初速达 880 米/秒,最大射程 30 千米。20 世纪 60 年代,炮身长为 40—70 倍口径,初速达 950 米/秒,最大射程达 35 千米。20 世纪 60 年代以后,加农炮基本没研制新型号,性能仍保持在 20 世纪 60 年代水平。

比较著名的加农炮有 59 式 130 毫米加农炮、59-1 式 130 毫米加农炮、美国 M-2 式加农炮等。59 式 130 毫米加农炮是中国军队从前苏联 M-46 加农炮仿制成功的。该炮采用单筒身管,装多孔式制退器;手动横楔式炮闩；变后坐制退机，液体气压式复进机，两机分别布置在炮身上、下部，均为杆后坐形式；炮架由摇架、上架、下架、大架和防盾组成，大架装有炮身推拉器，行军时，解脱反后坐装置，将炮身后拉，以缩短火炮行军长度；瞄准部分分为方向机、高低机、平衡机、瞄准装置组成，高低机为单齿弧外啮合式，平衡机为气压式，瞄准装置由瞄准具、周视瞄准镜、直接瞄准镜与照明具组成。全重8.5吨，炮班8人，六轮卡车牵引，射速6—8发/分。最大射程27千米。此后结合了122毫米加农炮和152毫米加榴炮的炮架和结构设计，使得59式的全重减轻了2.1吨，射速提高到8—10发/分。命名为59－1式。该炮在79年对越自卫反击战时表现出来的性能非常优越，火力猛、射程远、命中精度高、使用可靠，受到参战官兵的赞誉。进入20世纪80年代，中国军队又为130毫米加农炮研制了底排弹、底凹弹、子母弹等多种新弹种，最大射程增加到38千米。

美国M－2式加农炮，美国制造，也称M－2式加农炮。20世纪40年代初定型生产的155毫米牵引火炮。第二次世界大战时期装备部队，是美军战时最主要的远程重型火炮，用以装备军及集团军炮兵部队的加农炮营。每营炮12门。战后装备美国、法国、澳大利亚、阿根廷、丹麦、希腊、意大利、日本、约旦、南朝鲜、巴基斯坦、土耳其等国及台湾国民党军。该炮射程远、威力大，但重量太大、机动性差。履带车牵引。现该炮已为M－107式取代。

迅速猛烈的火箭炮

火箭炮是炮兵装备的火箭发射装置，发射管赋予火箭弹射向，由于通常为多发联装，所以又称多管火箭炮。火箭弹靠自身的火箭发动机动力飞抵目标区。其特点是重量轻，射速大，火力猛，富有突然性，适宜对远距离大面积目标实施密集射击。

世界上第一门现代火箭炮是1933年前苏联研制成功的BM13型火箭炮。这种自行式火箭炮安装在载重汽车的底盘上，装有轨式定向器，可联装16枚132毫米尾翼火箭弹，最大射程约8500米，1939年正式装备苏军，1941

年8月在斯摩棱斯克的奥尔沙地区首次实战应用。当时苏军的一个火箭炮连一齐发射，摧毁了纳粹德国军队的铁路枢纽和大量军用列车。

为了保密，当时苏军未给火箭炮定名，但在发射架上标有表示沃罗涅日"共产国际"兵工厂的"K"字。由于这个缘故，苏军战士便把这威力巨大的新式武器亲切地称之为"卡秋莎"。严格地说，"卡秋莎"是导轨火箭炮，而不是多管火箭炮。最早的具有炮管式发射装置的多管火箭炮，是德国于1941年正式装备部队的158.5毫米6管牵引式火箭炮和280/320毫米6管牵引式火箭炮。

火箭炮

在第二次世界大战末期和战后，各国都非常重视火箭炮的发展与应用。进入20世纪70年代以后，火箭炮又有了新的进步，其性能和威力日益提高，已成为现代炮兵的重要组成部分。

目前，世界上比较著名的火箭炮有：中国的"卫士"—2D火箭炮，射程400千米；俄罗斯的"飓风"220毫米火箭炮和"旋风"300毫米火箭炮；美国的M270式227毫米火箭炮。

空中飞行物的克星——高射炮

高射炮是从地面对空中目标射击的火炮。它炮身长，初速大，射界大，射速快，射击精度高，多数配有火控系统，能自动跟踪和瞄准目标。高射炮也可用于对地面或水上目标射击。

在早期制成的高射炮中，性能最好的是德国1914年制造的77毫米高射炮。其突出特点是在四轮炮架上装有简单炮盘。这种炮盘在行军时可以折叠起来，用马或车辆牵引；作战时，打开炮盘，支起炮身即可对空射击。炮盘的使用既便于火炮转移阵地，又缩短了由行军转到作战状态的时间。由于它采用控制手轮调整身管进行瞄准，而且首次采用炮盘，因而射击命中率较高。

20世纪30年代以后，高射炮的作战性能得到了很大提高。高射炮在结构和性能方面有这样几个突出的变化：首先，高射炮采用了长炮管，借以提高初速和射高。有的小口径高射炮的炮管长度已达到口径的70倍，初速达到每秒1000米左右，比原来提高近50%。中口径高射炮的射高达到10千米以上，是原来的3—4倍。其次，高射炮配备了先进的射击瞄准装置，

德国88毫米口径高射炮

提高了高射炮的命中率。再次，在小口径高射炮上配备了装填和复进等装置，大、中口径高射炮则采用了机械输弹设备，提高了高射炮的射速。另外，大部分高射炮都采用了自动化程度非常高的火控系统，全面提高了高射炮的作战能力。

目前，各种新型高射炮层出不穷。比较著名的有电磁高射炮、激光高射炮、隐形高射炮、火箭高射炮和智能高射炮等。

电磁高射炮属超高速弹射武器，是未来超音速空袭兵器的克星。它以电磁装置代替传统高炮的发射装置，以超大功率电磁感应原理，在炮膛内产生3兆焦耳以上的发射动能，是一种以弹丸撞击力毁伤目标的拦截武器，具有较强的防空能力，打击目标能力比传统高射炮提高了5倍以上。美国、俄罗斯和英国等国都已试制成功电磁高射炮，并已装备部队。

激光高射炮性能独特，前景广阔。它以激光发射镜为炮管，直接将束能以接近光速投射到目标上，使激光射中处瞬间被高热能毁伤。激光高射炮具有发射无需弹药、无声、无后坐力等特点，只要光能充足即可，可灵活、快速、高效打击不同方向的饱和攻击，所以发展激光高射炮备受世界各国青睐。

美国在激光高射炮的研制中，曾多次击落靶机、靶弹，美国陆军曾在演习中使用"鹦鹉螺"激光高射炮，仅用5秒钟就击落3架无人靶机。俄军最近新装备的激光防空系统由两辆车组成，一辆载电源，一辆载发射机，用雷达捕捉目标后，发射高能激光毁伤或激燃目标内的仪器。预计2010年后，世界将有20个国家装备激光高射炮。

各种各样的炮弹

手榴弹

手榴弹最早被广泛使用是在1904年的日俄战争中，从此之后，在历次战争中，手榴弹是每个士兵必备的武器，是他们克敌制胜的法宝。早期手榴弹多为有柄手榴弹，这种手榴弹虽然投得远，投得准，但不便于携带。

今天，各国部队装备的是无柄手榴弹，让我们来看一看它的构造：击针，扔手榴弹之前要先把它拔下来；雷管，是引爆手榴弹的"心脏"，没有它，或它失灵，手榴弹只能是"哑巴"；钢珠，手榴弹爆炸后，钢珠四处飞射，可以杀伤10米之内的敌人；保险，有了它，只要你不拉下击针，怎样磕

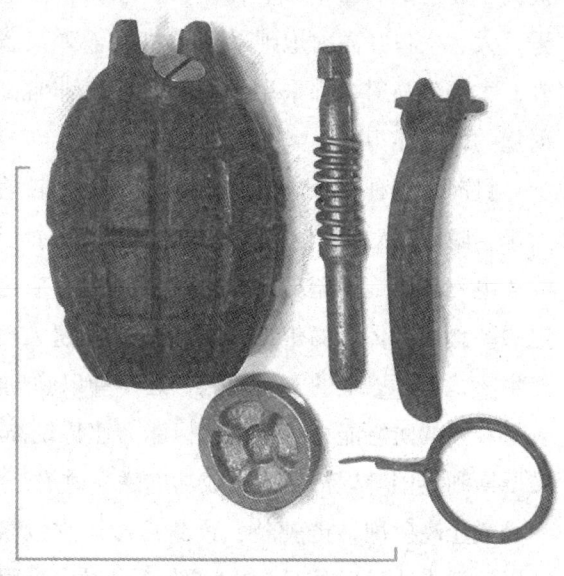

无柄手榴弹构造

碰手榴弹都不会炸。手榴弹虽小，"五脏俱全"。当代手榴弹可分为：进攻手榴弹，这种手榴弹没有钢珠，靠炸药的威力杀伤敌人，杀伤半径为5米，战士们可以一边进攻，一边投弹，不用隐蔽；防御手榴弹，它威力大，一颗手榴弹中装有七八百粒小钢珠，爆炸时可以杀伤10—20米之内的敌人，主要用于防守，投弹者必须隐蔽；除此之外，还有反坦克手榴弹，特种手榴弹（发烟、燃烧、照明、催泪等）。

子孙满堂的榴弹

榴弹也叫开花弹，是炮弹中的"元老"，它"出生"最早，使用最久，子孙也最多。这种炮弹是利用弹丸爆炸后产生的破片和冲击波来杀伤或爆破的，又分为杀伤弹、爆破弹和杀伤爆破弹几种。

杀伤弹的"肚子"里面装填炸药，在着地瞬间爆炸，可形成大量的破片去杀伤敌人。口径和结构不同的杀伤弹，杀伤效力也不同。85毫米榴弹，能产生约900块有效破片，可杀伤280平方米范围内的敌人；100毫米榴弹，产生1400块有效破片，杀伤范围比85毫米榴弹大30%；152毫米榴弹

威力更大，可产生约2800块有效破片，威力相当于85毫米榴弹的3倍。

爆破弹的特点是炸药装得比较多，弹壳较薄，主要是利用弹丸爆炸后产生的巨大冲击波来毁坏目标的。一般给它配"短延期引信"，使它在撞击工事时不立即爆炸，而是钻入工事一定深度后再爆炸。

杀伤爆破榴弹既有杀伤作用，又有爆破作用，可以一弹两用。

现在，榴弹性能越来越好，其中有：杀伤威力较大的钢珠弹、箭霰弹、子母弹；飞行距离较远的底凹弹、枣核弹、火箭增程弹以及底部排气弹等。现代某些杀伤榴弹的弹内装有数千颗小钢珠、小钢箭和小钢柱，这些榴弹杀伤破片多、杀伤面积大。如105毫米箭式榴霰弹，肚里装有4.15千克炸药和8000颗小钢箭，弹丸空炸时，小钢箭可杀伤约6000平方米内的暴露步兵。小钢箭射入人体后，还会扭转、拐弯，医生施行手术也非常困难。

现代榴弹，不仅威力大，而且射程也远。不少榴弹可以飞行20—30千米，有的甚至达到40—50千米。

陈列在军事博物馆的各式榴弹

无坚不钻的穿甲弹

穿甲弹的弹头非常坚硬，当它落到目标时，每平方厘米面积上的压力，可以达到几十吨至数百吨，足足可以穿透坦克、装甲车、装甲飞机或军舰，也很容易炸毁混凝土工程等目标。

现代战场上，主战坦克的体积越来越小，运动速度也越来越快，对于这样的目标,只有在弹丸直接命中它们时才能使它失去战斗力。因此,穿甲弹都做成流线型,以减小空气阻力。这样,初速大,飞得快,弹道低伸,命中精度就比较高,一般在1000米距离射击时,偏差仅在0.2米左右。

现在用的穿甲弹有5种:有尖头、光脑袋的尖头穿甲弹;头部圆钝,并戴着一顶尖溜溜的薄"帽子"的钝头穿甲弹;头戴两顶"帽子"的被帽穿甲弹;个子矮小、肚子里有一种小弹芯的次口径超速穿甲弹;还有身材"苗条",形如长箭,飞出炮口后,外壳立即脱落的超速脱壳穿甲弹。

这些形状各异的穿甲弹,各有

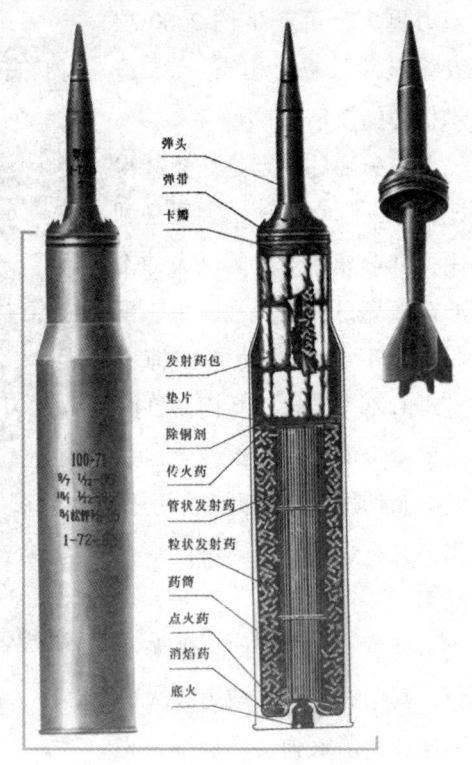

中国1971式100毫米穿甲弹

不同本领。对于装甲较厚、强度较高的坦克和装甲车辆,钝头穿甲弹或被帽穿甲弹才能奏效。次口径超速穿甲弹弹体内有一根小于口径的硬质合金弹芯,非常坚硬。当弹丸高速撞击装甲时,能把80%以上的能量集中在很小面积的装甲上,一下子就能把装甲击穿。在较远距离上和装甲厚的重型坦克作战,就得用超速脱壳穿甲弹。

会跟踪坦克的遥感弹

遥感反装甲弹是一种新型的远距离反坦克弹种。一发遥感弹可以携带几个小弹,每个小弹都由战斗部、传感器、信号处理器、降落伞、电源和保险机构组成。传感器是弹丸的核心部分,它相当于一部雷达,可自动发出电磁波寻找目标,并接受目标反射回来的回波。传感器一旦发现目标,就能计算出引爆弹丸的有利时间和位置,适时地发出引爆信息。小弹的战斗部由炸药和药型罩组成。当炸药爆炸后,药型罩在极高压力和温度作用下,被挤成一个小弹丸,高速射向目标,速度高达每秒 2000—4000 米,足以穿透几十米外的坦克顶部装甲或侧装甲。

遥感炮弹配备在 155 毫米以上的大口径火炮上发射,当炮弹发射到坦克群上空时,小弹就从母弹"肚里"抛出,以每秒 10 米的速度下降。当下降到最有利高度时,引爆战斗部,战斗部所产生的一枚高速小弹丸,便沿着传感器所指引的坦克方向飞去,将坦克顶部装甲击穿。

遥感炮弹操作简单,不受云、雾、烟幕的干扰,威力大,能在数十千米外有效地摧毁敌坦克,而且一发炮弹能够同时命中几辆坦克。

现代陆战主将——坦克和战车

法兰西"骑士"——克莱尔坦克

勒克莱尔坦克是法国最新一代主战坦克,以二次世界大战中法军装甲部队将领菲利普·勒克莱尔的名字命名。它炮塔圆圆的,上边挂着模块式反应装甲,上边高出来的一块是车长瞄准仪,外型圆头圆脑,比较好认。

勒克莱尔重 54 吨,配置 UPV8X—1500 超高压柴油发动机,公路最高时速可达 71 千米,比我们坐过的特快列车还要快。说勒克莱尔坦克是当今世界最先进的坦克并不为过。它装备一门 120 毫米滑膛炮,采用全自动计算机控制装弹,每分钟可发射 15 发

法国"勒克莱尔"主战坦克

炮弹，而一般坦克只能发射9发。勒克莱尔的射击控制系统更为先进，全部由微机驱动，有8台360度潜望镜，并备有热成像观瞄仪和激光测距机。有了这些先进的设备，勒克莱尔可以在高速行进中发炮，命中同样运动中的目标，而一般坦克只能运动中打静止目标。

"沙漠雄狮" M1A1

M1A1"艾尔布拉姆"坦克是美国陆军主力坦克。它问世于20世纪70年代，经过不断改进，成为现代主战坦克中的佼佼者。它的炮塔外型较扁、矮，采用多层复合装甲，十分坚固。据美军一次试验表明，目前世界各国的坦克没有一种能一炮击穿M1A1的装甲。它装备一台功率为1470马力（1马力≈0.735千瓦）的涡轮发动机，最高速度可以达到72千米，M1A1装一门105毫米线膛炮，一挺12.7毫米高射机枪和一门40毫米迫击炮。采用全自动装弹，激光测距仪，弹道计算机保证它炮不虚发，百发百中，夜视仪、红外瞄准仪保证它在黑夜中也能捕捉到目标。所有这些优异性能使M1A1坦克在1990年的海湾战争中大显神通。

M1A1"艾尔布拉姆"坦克

在这场战争中,伊拉克部队的 T—72 坦克炮弹根本无法击穿 M1A1 的装甲,而 M1A1 发射尾翼稳定脱壳穿甲弹曾创下这样的记录:一辆伊军的 T—72 躲在沙丘后边,M1A1 发射的穿甲弹穿过沙丘将 T—72 的炮塔击穿,其威力多么惊人。在地面战斗中,仅有 13 辆 M1A1 坦克被击伤,其中有 6 辆是被自己人误伤的。卓越的表现使 M1A1 坦克名扬四海,成为一代坦克之星。

德意志"捷豹"

德国人一向非常重视坦克的发展,曾在二战之前提出"机械化军团"思想,二战中德国的装甲部队在战争初期势不可挡,横扫欧洲大陆。当时世界上最先进的坦克就是德国的"黑豹"坦克。这只"豹"几经改进,就变成了今天大名鼎鼎的"豹"Ⅱ式坦克。"豹"式坦克炮

已成为文物的德国二战期间的"豹"式坦克

塔宽大,前部扁平并突出一个尖角,炮弹打到上边会滑走。它装备一台功率达 1500 马力的柴油发动机,最高时速可达 75 千米,在同类坦克中名列第一。炮塔上装一门 120 毫米滑膛炮和两挺机枪,火力威猛,先进的观瞄设备和电控设备均名列世界前列。

在 1990 年海湾战争中,这只"捷豹"也大显身手,击毁数百辆伊拉克坦克,自身伤亡为零,因而许多军事家、武器专家一直认为"豹"Ⅱ坦克是世界上最好的坦克。的确,它在对地形、气候上的适应能力均超过美国的"艾尔布拉姆"坦克。1998 年,德国又推出改进型"豹"Ⅱ A5 坦克,在 1998 年世界主战坦克排行榜上名列第一。

价格昂贵的 90 式坦克

90 式坦克是日本 1990 年研制成功的,但由于日本军方对其保密极严,连拍照都要把关键部位挡得严严实实,使人难睹其"庐山真面目"。直到 1997 年,日本军方把 90 式坦克拿到"世界最佳主战坦克评比"大赛,人们才发现,90 式坦克的火控系统和微电脑技术,比法国的勒克莱尔、德国的"豹"ⅡA5 坦克还要先进,具备自动跟踪目标能力,而且可在多个目标中选出威胁最大的敌人抢先攻击。在这次比赛中,90 式坦克击败众多好手,名列第一,由于它采用许多德国"豹"Ⅱ坦克的技术,因此又被称为"电光四射的日本豹"。

90 式坦克这只"日本豹"装配一台三菱 10ZG 柴油发动机,功率强劲。120 毫米加农炮配自动装弹机,每分钟可发射炮弹 15 发。防护能力也是世界一流,由先进的陶瓷复合装甲提供的防护坚不可摧,当然,价格也是世界第一,为 400 万美元,相当于 3 辆"艾尔布拉姆"坦克。

日本 90 式坦克

战场上的"巴士"——步兵战车

步兵战车配备一门机关炮和数挺机枪,有的还可以装反坦克导弹和防空导弹,具有相当的作战能力。但它最主要的用途是运送士兵。现代战争中速度非常关键,士兵再也不能靠两条腿同敌人赛跑了。他们乘上步兵战车,迅速抵达最前线,投入战斗。一般步兵战车可搭乘6—8人,战车的装甲可以保护士兵免受伤害,车体两侧开有若干个射击孔,战士们可以向外射击。

步兵战车

步兵战车分轮式和履带式两种。轮式战车速度快,时速一般为90—120千米,但轮胎一旦被子弹打中就不妙了;履带式战车刀枪不入,翻山越岭只等闲,但速度略慢,为60—80千米。两种步兵战车是各有所长。当今世界著名的步兵战车有美国的"布雷德利"战车、日本的90式战车、法国的AMX—10型战车,可谓百花齐放,万紫千红。

美式"布雷德利"战车是以"二战"中美军著名将领奥马尔·布雷德

利五星上将的名字命名的。"布雷德利"战车外型很"生猛",高高大大,像一辆"小坦克",全重22吨,可运载7名士兵。炮塔上装一门25毫米口径"大毒蛇"机关炮,炮如其名,十分凶猛,射速每分钟500发,可在1000米距离上穿透66毫米装甲。它的装甲防护力在当今世界步兵战车中名列第一,可抵御14.5毫米大口径穿甲弹,内部设备先进,电控炮塔,红外夜视,双向稳定装置一应俱全,可在行进中和夜间射击。"布雷德利"战车于1980年研制成功、投产,可它的"命运"很坎坷,一些军事家指责它外形太高,战争中易受攻击;价格太贵,曾被评为1988年度十大最差武器之一。1990年海湾战争中,"布雷德利"在战场上大显身手,同"沙漠雄狮"M1坦克一同驰骋沙场,成为联军进攻中的两把利剑,它曾用机关炮和导弹击毁过数十辆伊拉克坦克,而对方还以为遇到了M1坦克了呢。"布雷德利"战车以自己在实战中的出色表现,证明自己是世界上最好的步兵战车,而被誉为"沙漠猛虎"。

蓝天上的战鹰——战斗机

飞行猛禽——F—16

F—16是美国20世纪70年代装备的第三代高空高速战斗机,取名为"战隼"。隼,是一种猛禽,外形像鹰,但比鹰更敏捷、更凶猛。F—16战斗机以其出色的性能、强大的火力,证明自己配得上这个名字。F—16装备一台大功率发动机,最大飞行速度为2.5马

F—16战斗机

赫，从地面跃升到2万米高空只需3分钟，可见其性能之先进。

F—16载弹量为3吨，最多可挂6枚空对空导弹，左翼上装备一门"火神"6管机关炮，最高射速每分钟6000发。F—16装备了最先进的火控雷达，可以同时跟踪24个目标，并同时制导6枚导弹攻击其中6个目标。"战隼"外形优美、灵巧，深受各国官兵喜爱。在以色列和叙利亚的贝卡谷大战中，以色列使用的就是F—16战斗机，创下60比0的空战神话，可以看出F—16的"凶猛"。在多次局部战争和1990年的海湾战争中，F—16都表现出色，立下卓著的战功。

傲空雄鹰——F—22

F—22战斗机是世界第四代战斗机，属于21世纪主力战斗机。F—22外形比较奇特，有棱有角，这是为了减少雷达波的反射，起到隐身作用；它的两个尾翼呈钝角，看上去怪怪的，这也是为减少雷达波反射。它的座舱呈水滴形，保证飞行员有良好的视野。谈到F—22的先进之处，主要有三点：第一是隐身能力，除了外形上的努力外，机体还涂了一层涂层，可以吸收雷达波，不让它反射，雷达收不到雷达波的反射，就发现不了飞机。第二是超音速巡航能力。所说的巡航，就是以最省油的速度驾驶飞机，第三代战斗机要达到超音速是很耗费油料的，影响飞机的飞行距离，而F—22能在最省油的情况下达到超音速，大大提高了作战效能。第三是防区外发射导弹的能力，打个比方说，一架第三代战斗机和F—22对阵，F—22的雷达更先进，探测距离更远，在远距离首先探测到对方，发射所携带的飞行更远的AIM—130中距空对空导弹，抢先击毁对方。有了这三大功能，F—

F—22战斗机

22 在 21 世纪相当长一段时间将是最先进的战斗机。

"孤独骑士"——苏—37

苏—37 是俄罗斯苏霍伊战斗机研制局于 1996 年推出的最新一代战斗机。它具有以下几大特点：

装备了发动机推力矢量技术

所谓推力矢量技术，就是发动机尾喷口可以上下转到 15 度角，这一技术的应用可以使苏—37 做很多其他战斗机根本做不了的高难动作。如"空翻筋斗"可以用最小的半径旋转 360°，在近距离空中格斗中占尽优势，将攻击敌机"甩"到本机前方，占据有利位置将其击落。

苏—37 战斗机

载弹量大

苏—37 载弹量为 8 吨，可以携带 14 枚导弹，如 R—77 中距空对空导弹

（作战效能高于美国的 AIM—130 导弹），KS—172 高速导弹（速度为 5 倍音速）以及 KH—65S 隐身导弹。除此以外，苏—37 装备了先进的火控雷达，探测距离为 400 千米。因为技术高、性能好，价格就高一些。俄罗斯空军只购买了一架。这架编号为 711 的苏—37 从此被人称为"孤独骑士"。

"隐身大侠"——F—117

1989 年 12 月 20 日凌晨，美国空军突然轰炸了巴拿马首都西南方的里奥哈托军营。按说当时美巴关系紧张，巴拿马的防空雷达早已处于高度戒备状态，可为什么没有发现美军轰炸机呢？

因为美军在这次袭击中使用了 F—117 战斗轰炸机。F—117 采用翼身融合设计，也就是机身与机翼溶为一体，机翼前缘以机头顶点为起点，像两条射线一样向后延伸，而一般战斗机外伸的机翼最易反射雷达波。机身像被人用刀精心切成的多棱形，可使雷达波散射，同时，机身涂有专门吸收雷达波的涂层。F—117 的另一项隐身措施是在发动机尾喷口装有降温装置，降低发动机热辐射，以减少被雷达发现的机率。有了这些措施，F—117 犹

F—117 战斗轰炸机

如穿上一件"隐形衣",成了"隐身大侠"。在1990年的海湾战争中,F—117大显身手,屡立奇功,在战争刚开始便成功突破伊军防护网,以一枚激光制导炸弹击毁伊拉克首都巴格达的电子通信大楼,使伊军的指挥通讯系统全部瘫痪。但在1999年美军轰炸科索沃时,却被南斯拉夫防空军击落一架,大丢脸面。可见,F—117也并非美军吹嘘的那么神。

"空中幽灵"——侦察机"黑鸟"SR—71

在2万米的高空中,大气稀薄,几乎任何一种生物都难以生存,可是有一个"空中幽灵",能以3倍音速飞翔在这穹宇苍空中,穿越茫茫大地执行侦察任务,这就是大名鼎鼎的SR—71"黑鸟"战略侦察机。这只"鸟"机身细长,装有两台火箭发动机,是目前飞得最快的侦察机。

"黑鸟"SR—71

因其飞行速度太高,所以机身的93%是耐热的钛合金,据说由于座舱外相当热,所以飞行员在飞行中如果需要进食,只需将携带的方便食品贴在座舱玻璃上,食物就可以被烤熟。飞行员身穿一套价值10万美元的抗压力服,仿佛是个太空人。"黑鸟"携带各种传感器、电子设备、高速摄影机,拍摄的照片十分清晰。"黑鸟"自从1966年1月诞生以来,40多年中其"魔影"遍布世界各地,鬼鬼祟祟,臭名昭著,人们对它恨之入骨却又无可奈何。四十多年中它曾被几百枚地空导弹攻击,可这只"鸟"却毫毛未损,安然无恙。"黑鸟"SR—71——目前世界上飞得最高、最快的侦察机,仍将像"幽灵"一样,在世界各地游荡。

神兵利器

海上霸主——战舰

海上浮动机场——航空母舰

　　航空母舰是最大的水上舰艇，吨位最大的有9万吨。它是现代远洋舰队的核心。一个混合航空母舰编队有各种军舰数十艘，可以控制100万平方千米的海区。美国"罗斯福"号航空母舰，是目前世界上吨位最大、技术最先进的航母之一。它于1984年10月建成下水。舰长332.9米，宽40.8米。飞行甲板特别长，非常宽，呈多边形，面积超过2万平方米，有三个足球场大，主要用于飞机起降。全舰有17层的层面，每层有许多舱室，总数多达2000个以上，这是因为有5684人生活在它上面。舰上有各种生活舱，有燃料、淡水和后勤中心，有指挥、航行、作战中心，甚至还有一家电影院和邮局。当它在海面上航行时，如同一座移动的"小岛"。"罗斯福"航母的

"里根"号航空母舰

动力来源于两座A4W型核反应堆，装料一次可连续航行13—15年，最大航速为30节。全舰可搭载各种飞机86架，包括20架F—14"公猫"式战斗机，20架F—18"大黄蜂"战斗攻击机，20架A—6E"入侵者"攻击机，10架"北欧海盗"式反潜机，6架"海王"式反潜直升机，5架EA—6B型电子干扰机和5架E—2C"鹰眼"式预警机，火力十分强大。"罗斯福"航母可称是现代航母中的佼佼者。

耀武扬威的巡洋舰

如果说航空母舰是现代舰队的主角，那么巡洋舰就是现代海战的主力。为什么这样说呢？因为：一来说，巡洋舰是现代大型军舰，长度为140—220米，最长的则达248米，仅次于航空母舰。排水量为5000—30000吨，有很强的适航能力，能经得起12级风浪的袭击，装足燃料和淡水可以连续航行10000海里。二来是，现代巡洋舰具有强大的火力配备。因为航母主要是搭载各种军用飞机，本身没有什么武器装备，所以巡洋舰就担负起保卫航空母舰的任务。它装有先进的电子侦察设备，有火炮，对舰、对潜、对空导弹，有的还有舰载飞机。它可以同敌方进行海战，在登陆作战时，可以为部队扫清岸上的敌人火力，开辟道路；在和平时期，它担任警戒和巡逻的任务，并作为"友

巡洋舰

好使者"到各国访问，巡洋舰真是一个"海上多面手"。

乘风破浪的驱逐舰

驱逐舰是水面主要战斗舰艇的一种，它的任务是攻击敌方的潜艇和水面舰艇，为航空母舰和巡洋舰担任警戒，防止敌舰攻击。驱逐舰问世于1893年10月，当时它主要是用来对付鱼雷艇的，又称为"雷击舰"或"鱼雷艇驱逐舰"。现代驱逐舰一般长120—160米，排水量为3000—5000吨，属于中型水面舰艇。加足燃料和淡水一次可航行8000海里。驱逐舰火力强大，装有各种火炮、鱼雷、水雷、深水炸弹、对空、对舰、对潜导弹，有的还可以搭载反潜直升机，是一种快速灵活、突击力强的水面打击力量。英国的"谢菲尔德"驱逐舰是20世纪70年代最先进的驱逐舰，造价2亿美元，是英国皇家海军的"骄子"。可惜在1982年的马岛战役中，最先进的雷达系统却没发现两枚小小的导弹，飞行时速为1000千米的"飞鱼"式反舰导弹一头扎进了军舰的要害，大火冲天，浓烟滚滚，顽强挣扎六天后，一代名舰沉入海底。这个悲剧告诉人们：再先进的仪器也有其局限性，都

中国"旅大"级驱逐舰

不是十全十美的。

深海幽灵——潜艇

潜艇也就是潜水艇,是在水下活动和作战的舰艇。它潜入水下后不容易被发现,来无影去无踪,打了就跑,在水面上航行的大多数舰艇都害怕它。潜艇是怎样下潜和上浮的呢？潜艇外形很特殊,细长的身子像泥鳅,在中间突起一处像"礼帽"一样的顶子,这种外形是为了减少航行阻力。潜艇的艇体由内、外两层壳体组成,两层之间的空隙有主水柜和调节水柜,用来注入或排出海水。往主水柜里注入海水,潜艇重量增加,于是潜艇就下潜,潜入水中后,靠尾部螺旋桨产生的动力前进。上浮时,将两个水柜中的水排出,此时潜艇的浮力增大,潜艇便浮上了。潜艇自诞生至今已有100多年了,在历次战争尤其是第二次世界大战中曾扮演重要角色。现代潜艇分为常规和核动力潜艇两种。常规潜艇长50—100米,排水量1000—2000吨,可下潜二三百米,水下最大航速20节,靠携带的鱼雷、水雷、反舰导弹攻击敌人。

日本伊—400 潜水艇

海上猎手——猎潜舰

猎潜舰专门对付潜艇，被称为"海上猎手"。现代军舰上大多有反潜设备，还有反潜飞机，为什么还要猎潜舰呢？这是因为猎潜舰是专门舰艇，可以装备更大、更高效的反潜雷达、声纳。现代声纳最远探测距离可达 30 海里，潜艇一旦被发现，就无所遁形。猎潜舰上装有威力大、命中率高的可自动寻找目标的智能鱼雷，还有反潜火箭、深水炸弹等，一旦发现目标，就能够像"猎犬"一样迅速而准确地对敌潜艇发动攻击。潜艇遇上猎潜舰，如同老鼠遇上猫，再也跑不掉。既然是"猎手"，就得机动灵活，因此猎潜舰都比较小，排水量为 100—500 吨，但速度快，为 50—60 节。除反潜武器外，还装有小口径火炮和防空导弹，可以担负巡逻、警戒、护航等任务。

机警灵敏的雷达

神瞄手——炮瞄雷达

有了炮瞄雷达，可以使高射炮准确瞄准敌机。这种雷达向空间发射的无线电波，整个波瓣的形状就像探照灯的光柱一样，一旦发现了目标，它不但可以测出目标的距离，还可以根据它的天线所处的方位角和仰角，测出目标的方位角和仰角来。

炮瞄雷达有两个特殊的本领。一是能够自动跟踪目标。它装有一套自动跟踪的机器，当第一次发现敌机后，这套自动跟踪的机器就开始工作，雷达天线便自动地跟着敌机运动。不管敌机怎么飞，雷达波束就好像被它吸住了一样，始终牢牢地盯住它不放。二是可以同时自动地控制多门高炮，使它们的炮口始终对准敌机。只要炮弹打出去，就能百发百中。

炮瞄雷达的波束很细，寻找目标比较困难，因此它通常总是跟一部"环视雷达"配合在一起工作。环视雷达是一种探测距离为 100—200 千

炮瞄雷达

米的中程雷达，它的任务是环视四周，全面掌握空情，并给炮瞄雷达预先指示敌机的大致方位、距离，甚至炮瞄雷达跟踪哪架飞机，也由它来指挥。

千里眼——远警雷达

远警雷达担任远距离监视的任务。它能及时将入侵的敌机、导弹情况报告给上级指挥机关，甚至还可以监视国境线外敌人飞机、导弹的活动情况。看得远，是远警雷达的主要特点。

要使雷达看得远，就要提高雷达发射机和接收机的灵敏度，装备大的天线，所以，远警雷达一般都是庞然大物。远警雷达探测距离一般都在四五百千米以上。

现在，2倍音速的飞机，10分钟可以飞400千米。如果用一部探测距离为500千米的雷达，从发现敌机到敌机飞到雷达上空，还有12分30秒的时间，从而为歼击机、高炮导弹部队做好战斗准备，提供了宝贵的时间。

洲际弹道导弹的速度更大，高达20倍音速，每分钟平均可以飞400千米左右。500千米的雷达探测范围，它只要1分15秒就飞到了。为了对付洲际弹道导弹，在远警雷达的基础上，又发展了一种超远程雷达。它对于飞行在高度为1300千米轨道上的洲际弹道导弹，可以在1500千米以外发现它，这样给部队提供大约13分钟的时间去做好对付这种导弹的准备工作。

多面手——相控阵雷达

第一代雷达一般只能监测一个目标，而属于第二代的相控阵雷达是个多面手，可以在30秒钟内对多达300个目标进行跟踪，并预测出200多个目标的弹着点。它对于篮球那么大小的目标的最大探测距离可达3700千米，对于大型卫星，可以有4.6万多千米的作用距离。相控阵雷达是现在最先进的雷达。

这种雷达的外形像一座巨型建筑，高30米。它的天线装在往后倾斜20°的斜面上。在直径约30米的圆形天线阵上，排列着15360个能发射电波的辐射器。还装有将近2万个不发射无线电波的辐射器。这15360个辐射器

俄罗斯展出的 N014 相控阵雷达

分成96个组，相当于96部雷达组合在一起，由设在天线后面六层大楼里的电子计算机统一指挥。电子计算机每秒钟可以进行数百上千万次计算，算出每个目标的方位、距离、高度以及飞行轨道、弹着点等数据。

相控阵雷达的天线是不动的，只能看正面120°范围内的目标，这是它的一个很大缺点。

现在又出现了一种圆顶雷达。它是一种天线形状呈圆顶形的相控阵雷达，可以看到周围360°范围内的目标。

领航员——引导雷达

飞机在天空飞行，要靠一位地面的领航员——引导雷达指挥，才不会迷失方向。

现在的飞机大多是超音速的，飞行速度极快。引导雷达能自动地替人们完成一系列复杂的测量和计算工作，准确地测定飞机在天空中的位置，不断地引导飞机准确到达指定地点，执行各种战斗任务。

引导雷达对飞机引导是否准确，往往对空战的胜利有着极大影响。如果雷达测方位误差1°的话，对距离在200千米处的目标来说，意味着目标位置偏差了3.5千米。若再加上高度和距离上的探测误差，就可能使飞行员根本无法找到敌机而失去战机。因此，引导雷达的最大特点是测得准。

引导雷达一般工作的波长为几十厘米到十厘米左右的微波波段，只能准确地测定目标的方位和距离，不能测出目标的高度。因此，需要测高雷达和引导雷达相配合，才能准确测出敌机的方位、距离以及高度，进而推算出它的航向、航速，迅速地引导我机迎击空中来犯之敌。

神投手——轰炸雷达

轰炸雷达是帮助轰炸机瞄准目标投弹用的。它不受气象条件影响，可以在夜间自动投弹，也可以在较远的距离上瞄准投弹。因为用这种雷达投弹准确率高，所以称为"神投手"。

根据物体运动定律，当炸弹从飞机上掉下来时，一方面它作为一个自由落体从飞机所处的高度上往地面作垂直的运动；另一方面由于惯性的作用，它以飞机的飞行速度向前作水平的匀速运动，这样炮弹便以抛物线下落至地面。因此，飞机投弹的位置，不是在目标的正上方，而是在目标前上方。假如，飞机的飞行高度和飞行速度一定，飞机到目标的抛物线就一定了。这样，飞机去实施轰炸前，只要测准投弹角或者测准了投弹斜距离，把炸弹投下去就可以命中目标。

飞机上的轰炸雷达上有一个自投环，它相当于步枪上的标尺，用作瞄准的依据。另外，雷达上还有一个可以移动的选择环。随着飞机逐渐飞近目标，显示器上的目标图像就逐渐向飞机移动，选择环也跟着目标逐渐向自投环靠拢。当选择环和自投环重合在一起的时候，雷达会自动地给飞机上的电动投弹器发出一个投弹指令，炸弹就从飞机上投下去了。

核、生化武器

记忆中的恶魔——原子弹

1945年8月6日清晨，3架美军B—29轰炸机从太平洋的一个名叫提尼安的小岛起飞，经5个小时的长途飞行，来到日本广岛上空。这一天，广岛上空碧空如洗，25万市民刚刚开始一天忙碌的生活。无论是防空警戒网，还是广岛市民，都没有对这三架飞机加以注意，在战争时期，这太平常了。早晨8点15分，一颗4吨重的大炸弹离开机腹，在距地面600米的高空爆炸，先是一道无比闪亮的

原子弹爆炸时产生的巨大蘑菇云

白光闪过，比太阳亮100倍，然后是一个巨大的紫色火球，粗壮的火柱上升，且不断变幻颜色，上边是白色，底部是琥珀色，中部是棕色，升到10千米的高空，宛如一个美丽的大蘑菇。

在地面上，巨大的炽热气浪如一股飓风，以每小时800千米的速度横扫美丽的广岛，倾刻之间，71379人被夺去生命，70000人受伤，广岛成为一片废墟。这颗原子弹叫"小男孩"。三天之后，8月9日上午10点58分，另一颗外号叫"胖子"的原子弹在长崎引爆，60000人死伤，长崎被夷为平地。六天后的8月15日，日本宣布无条件投降。这就是原子弹的威力，它永远成为人们记忆中挥散不去的恶魔。

原子弹为什么有这么大的威力呢？大家知道，物质是由许许多多的分子组成，分子由原子组成，原子由原子核和核外电子组成，原子核里又有质子和中子。所有这些都必须在高倍电子显微镜下才能看到。20世纪初，伟大的科学家爱因斯坦提出了一个著名公式：$E = mc^2$。E代表能量，m代表质量，c表示光速。他认为，原子核中有巨大的能量，这个能量等于物质的质量乘以光的速度的平方（光速为30万千米/秒）。这个公式是原子弹的理论基础。在引爆原子弹时，首先开动起爆装置，起爆装置引爆炸药，在炸药的作用下，中子源中无数个中子开始轰击铀235（一种放射性元素）的原子核，铀原子核裂变，放出巨大的能量。所有这些反应是在百万分之一秒内完成的，产生几百到几千万度的高温，释放出无比强大的能量。这就是一颗小小的原子弹为什么能毁灭一个城市的原因。

毁天灭地的氢弹

当人们还沉浸在对原子弹恶梦般的回忆中时，1951年，原子弹的"兄弟"——氢弹又呱呱坠地了。1952年，在太平洋马绍尔群岛的比基尼环礁上，一颗氢弹引爆成功，这是一次石破天惊的大爆炸，威力相当于1000万吨梯恩梯炸药，是广岛原子弹的800多倍，爆炸的火球直径达6000米，珊瑚岛从此永远从水面上消失。同原子弹相反，氢弹的工作原理是核聚变反应。科学家发现，一些轻元素（如氢）的原子核在几千万度的高温下，会

◆◆◆神兵利器

聚合成较重的原子核，在这个过程中，释放出巨大的能量。这个反应就叫聚合反应。但是，在地球上怎么找到几千万度的高温环境呢？有，就是原子弹。氢弹的构造是：里面是一颗小型原子弹，原子弹外边是无数氢原子，原子弹爆炸产生上千万度的高温，引发氢原子的核聚变反应，产生惊天动地的大爆炸。

氢　弹

伤人不毁物的中子弹

1977年7月12日，美国总统吉米·卡特在一次记者招待会上宣布，美国已经成功地研制"中子弹"。一时间全世界震惊。到底什么是中子弹，它为什么会引起如此强烈的反响？中子弹实际是一种小型氢弹，但它不用原子弹引爆，而是采用纯聚变反应，这样，在爆炸时，释放出强大的中子射流，具有极强的穿透力，可以进入人体，破坏人体内细胞，使人死亡，但对房屋、武器设备却没有破坏作用。试想，当敌人进攻时，我方放出一颗中子弹，爆炸后，敌方士兵全部丧命。而坦克、大炮、枪枝、弹药却毫无损伤，尽归我方所有，这是多么漂亮的一场仗啊！中子弹问世至今已有30

中子弹爆炸现场

多年了,各国还在不断改进和研究。不久的将来,炮射中子弹,中子炸弹,中子手榴弹将问世。

带水果香味的"闪电杀手"——沙林

沙林,学名甲氟膦酸异丙酯,国外代号为GB。它是无色、易流动的液体,有微弱的水果香味。其爆炸稳定性大大优于塔崩,毒性比塔崩高3—4倍。由于它的沸点低,挥发度高,极易造成战场杀伤浓度,但持续时间短,属于暂时性毒剂。沙林主要通过呼吸道中毒,在浓度为0.2—2微克/升染毒空气中,暴露5分钟即可引起轻度中毒,产生瞳孔缩小、呼吸困难、出汗、流涎等症状,可丧失战斗力4—5天。作用15分钟以上即可致死。当浓度达到5—10微克/升,暴露5分钟即可引起中毒以至死亡。

沙林是由施拉德博士发现的。1939年,施拉德博士在德国军方为他提供的当时最先进的实验室里,开始研究含有一个碳磷键(C—P)的含氟化合物,结果发现了比塔崩(博士合成的一种杀虫剂,被德军用作化学武器)毒性更高的甲氟膦酸异丙酯。施拉德博士给它命名为"沙林"(Sarin),这是以参加这种毒剂研制的四个关键人物名字的开头大写字母组合而成的。博士认为这一化合物作为军用毒剂的潜力非常之大，于是立即把它送往军械部化学战局进行鉴定，并很快开始了发展工作。但在组织这一毒剂的生产中遇到很大困难。原因是合成毒剂的最后一步总是避不开使用氢氟酸进行氟化，而进行氟化处理就必须解决腐蚀问题。因而在施道潘和蒙斯特的毒剂工厂都使用了石英和银一类的耐腐蚀材料。后来终于研究出了一个比较满意的过程，并于1943年9月在法尔肯哈根开始建立一座大规模生产厂。但在苏军向德国本土大举进攻时，该厂尚未建成投产。故到二战结束时，实际上只生产了少量的沙林。

令人头疼的"梭曼"

1944年，德国诺贝尔奖金获得者理查德·库恩博士合成了类似于沙林的毒剂——梭曼。

梭曼，学名甲基氟膦酸特己酯，代号GD。它是一种无色无味的液体，具有中等挥发度。沸点为167.7℃，凝固点为—80℃，因此，在夏季和冬季都能使用。其毒性比沙林约高2倍，中毒症状与沙林相同，但又有其独特性能。一是在战场上使用时，它既能以气雾状造成空气染毒，通过呼吸道及皮肤吸收，又能以液滴状渗透皮肤或造成地面染毒；二是易为服装所吸附，吸附满梭曼蒸气的衣服慢慢释放的毒气足以使人员中毒；三是梭曼中毒后难以治疗，一些治疗神经性毒剂如沙林中毒比较特效的药物，对梭曼基本无效。

德国人在第二次世界大战期间，因合成梭曼所必需的一种叫吡呐醇的物质缺乏而未能生产梭曼。战后前苏联对梭曼"情有独钟"，在其化学武器库中一种代号为BP—55的毒剂就是梭曼的一种胶黏配方。连美国的一些化学战专家也不得不承认，梭曼是前苏联在化学武器方面所做的非常明智的选择。20世纪70年代以来，美国曾花了很大的力量去寻找所谓的中等挥发性毒剂。但无数实验结果表明，最好的中等挥发性毒剂还是梭曼。神经性毒剂以无以伦比的剧毒性和速杀性，毫无争议地取代了芥子气而荣登毒魔之王的宝座。同时其良好的理化性质，适用于各种战术场合和目的，很快成为了化学战的宠儿。

无孔不入的生物细菌武器

化学武器虽然可怕,但同生物细菌武器相比,真是"小巫见大巫"了。生物武器就是投放各种有害细菌、病菌,使之传染来伤害人、牲畜、农作物,达到杀人于无形的目的。生物武器最早于二战期间,德国科学家研制,日本紧随其后。臭名昭著无比残忍的日军"731"部队,就是一支生物战部队。它们用俘虏和无辜的中国平民作细菌实验,犯下了滔天大罪,共有3000多名中国人死于"731"部队的魔掌。在朝鲜战争中,美军动用了细菌武器,用飞机撒播鼠疫、炭疽、伤寒等细菌炸弹,造成平民的大量伤亡。前苏联是生物武器大国,曾有八个秘密实验基地,用服刑的犯人作实验。有一次,一个受试者从试验场逃了出来,结果引起一场大瘟疫,约5000人死亡,可见生物武器威力之大。

核武器、生物、化学武器是20世纪人类自己制造的恶魔,是极不人道、危害极大的武器。

日本"731"部队在中国犯下滔天罪行的的罪证

研制中的新式武器

次声武器

国外正在研制一种武器,它不用子弹、炮弹,也不用激光,而是以声波作"子弹"来杀伤敌人,这就是次声武器。

自然界中充满各种各样的声音。声音音调的高低是由声音的频率决定的。频率的单位是"赫兹",频率高于 2 万赫兹的叫超声波,低于 20 赫兹的叫次声波,一般人耳听不见。不同的声波,对人的生理感觉、精神状态会造成截然不同的效果。优美而深情的歌声,能令人心旷神怡;雄壮嘹亮的冲锋号声,能使战士们斗志昂扬;各种噪声会影响人的健康。频率低于 20 赫兹的次声,则会对人体产生严重伤害,特别是频率低于 7 赫兹的次声,能使人肌肉痉挛、全身颤抖、呼吸困难、神经错乱。当次声强度达到一定程度时,还能造成脱水休克,失去知觉,血管破裂,内脏损伤,最后导致死亡。

次声对人体产生危害,是因为它同人体肌肉、内脏器官的固有振荡频率吻合,引起肌肉及内脏器官的共振。1906 年,一支沙俄军队在通过一座大桥时,整齐的步伐和大桥产生了强烈的共振,结果把大桥也震断了,造成了悲剧。次声武器杀伤人员的奥秘,就是利用了共振原理。由于次声是人耳听不见的,所以人们称次声为"哑巴武器"。

正在研制的次声武器大致分两种:一种是神经型次声武器,它的振荡频率同人类大脑的阿尔法(α)节律极为相近,产生共振时,能强烈地刺激人的大脑;另一种是内脏器官型次声武器,振荡频率与人体内脏器官的固有振荡频率相当,使人的五脏六腑发生强烈共振,导致死亡。

钢筋铁骨的机器兵

世界上正在研制各种各样的"机器兵",它们可以充当哨兵,执行巡逻、放哨任务；可以代替"工兵"，担负危险、繁重的埋雷、排雷等工作；可以做"侦察兵"，深入到敌人后方执行各种复杂危险的侦察任务；还可以充当"潜水兵"，确定敌潜艇的位置，自动发射鱼雷，摧毁目标。

由于战场上地形复杂，很多陆地不能行驶车辆。一些国家还研制了各种各样的"行走机"。可以在战场上通行无阻，完成各种任务。

韩国研制的机器兵

机器人不知疲倦，不避艰险，一往无前，绝对服从人的"指挥"，是未来战场上理想的"士兵"。现在。美国陆军正在研制的军用机器人有车辆救护机器人、布雷机器人、排雷机器人、"步兵先锋"机器人、街道侦察机器人战术侦察机器人，以及施放烟幕机器人等。军用机器人的装备和使用，对未来战争将产生重大影响。

用光束作炮弹的激光武器

1975年初冬的一天，美国两颗新式卫星飞抵前苏联西伯利亚导弹发射场上空，进行情报侦察，忽然金光一闪，两颗卫星立即失控，变成了"瞎星"。仅仅数秒钟，两颗价值数百万美元的新式侦察卫星就报销了。这是前苏联的地空反卫星激光武器的功劳。

一般枪、炮发射的是子弹、炮弹，而激光武器发射的是一种光束，叫作"光子弹"。光子弹有烧蚀、激波、辐射三种功能，可以把目标击穿、击碎、摧毁。

由于激光束每秒可前进30万千米，并且以笔直的路径前进，因此，只要对准了目标，就可命中目标。激光武器还是一种无惯性武器，发射时不产生后坐力，可灵活迅速地改变射击方向，不影响射击精度和效果。

激光武器分为低能激光武器和高能激光武器两类。低能激光武器是一种小型的激光装置，主要用来射击单个敌人，使之失明、死亡或

中国军事演习中亮相的激光武器

使衣服着火而丧失战斗力；同时也可使激光或红外测距仪、各种类型的夜视仪的光敏元件损伤、失灵。它包括激光枪、激光致盲武器、激光手枪等。高能激光武器是一种大型的激光装置，能发射极高的激光能量，主要用于摧毁敌方的坦克、飞机、导弹和卫星等威力较大的军事目标或大型的武器装置。

这种武器在大雾弥漫或遇有雨、雪时，便不能发挥威力，所以只有晴天才能使用。现在，激光枪已有使用；激光炮也试验成功。各种机载、舰载、星载激光武器正在研制之中。激光武器将在未来的战争中大显神威。

风驰电掣的粒子束武器

自然界有许多肉眼看不到的微观粒子，如电子、质子、各种离子等。这些极其微小的粒子也可作为"子弹"或"炮弹"去击毁目标，这种武器称为粒子束武器。

电子、质子、离子等粒子尽管很小，但当速度越来越大时，它们所具有的能量也就越来越大。当粒子的速度接近每秒30万千米的光速时，它们所具有的能量就足以穿过一切物体，这些高速运动的一个个微观粒子，就变成了一颗颗具有很大动能的"炮弹"。如果把这许许多多的粒子聚集成密集的束流，能量就更大了。把这样的粒子束流射向目标，几乎可以将一切坚硬的目标击毁。

粒子束武器按武器系统所在的位置不同，可分为陆基、舰载和空间粒子束武器。陆基粒子束武器主要设置在地面，用于拦截进入大气层的洲际弹道导弹等目标，担负保护战略导弹基地等重要目标的任务。舰载粒子束武器设置在大型舰艇上，主要用于保卫舰船免受反舰导弹的袭击。空间粒子束武器设置在空间飞行器上，主要用来拦截在大气层外飞行的导弹和其他空间飞行器。

粒子束武器的速度接近光速，所以具有激光武器的优点，可以随时射击目标，也能灵活调整射击方向，又可同时拦截多批多个目标。只要能源供应充足，就能连续战斗。此外，粒子束武器不受气象条件的限制，战斗性能比激光武器还好。

灭绝人类的基因武器

遗传工程学的出现，使工农业生产和医疗卫生等事业有了新的发展，给人类带来巨大的利益和美好的前景。但要是用于战争，也会给人类带来巨大灾难。某些国家正在研制的基因武器，就是这种灭绝人类的罪恶武器。

基因武器是利用遗传工程学的方法，人为地改变致病微生物遗传基因，培养出新的危害性更大的生物战剂。如把生物战剂中"致病力强的基因"转移，制造出致病力更强的战剂；或把"耐药的基因"转移，制造出更耐药的新战剂。如果把几种有害的基因一起转移，就会制造出危害更大的生物战剂。更有一些国家企图利用遗传工程学的方法制造"种族武器"，从而达到有选择地损害某些民族和种族的目的。

基因武器的出现，将使人类面临灭绝的危险，因而，引起全世界的普遍反对。

名将风采

飞将军——李广

射石没镞

李广出身将门，自幼学习祖传射箭之法，加上他身高臂长，具有良好的天赋条件，因而骑射技艺高人一筹。他还养成了一种癖好，即常与人以赌射为戏，就是在地上画出许多宽窄不同的直线，从高处向线的行距内射箭。倘若箭能直立在窄的行距中，就算胜；如果射到宽的行距中或虽射中窄行距而箭未能直立起来，以及射到线外的都算输，输的被罚饮酒。李广一直把这种赌射游戏坚持到老，作为自己习射的一种方法。

李广画像

由于李广善射,历史上还流传着一个李广射石的传奇故事。据说,有一次李广出外打猎,遥见莽莽草野中有个东西时隐时现,他疑为猛虎,弯弓搭箭,奋力射去。待天明一看,原来是一块石头。但因用力很猛,那只箭头已深深地扎进石头里去了。后人写诗赞道:

　　林暗草惊风,
　　将军夜引弓。
　　平明寻白羽,
　　没在石棱中。

虽然李广一生戎马,勇敢善战,但仕途却并不通达。汉文帝曾感慨地对他说:"可惜你生不逢时,如果你生在高帝(刘邦)争天下的时代,何愁不做个万户侯呢?"时人也普遍认为:"李广才气,天下无双。"

被匈奴称为"飞将军"

李广一生活跃于抗击匈奴的战场。凭他的机智勇敢和娴熟的骑射技术,经常主动出战,袭击匈奴,他行动神速,勇猛无比。"匈奴畏广",闻名则远遁,轻易不敢同他交战。一次,匈奴大举袭扰上郡,景帝派"中贵人"(相当于后来的太监)协同李广统兵抵御匈奴。一天,中贵人率数十名骑兵出营,与匈奴三人遭遇。三个匈奴兵搭箭猛射,射伤中贵人,手下的几十名骑兵也被射杀殆尽。李广闻报,判断说:必是匈奴射雕的猎户!于是,他率骑兵一百余人往追。匈奴三人见汉军来追,丢掉马匹落荒而逃。李广令汉骑闪开,自己趋前搭箭射敌。结果射死匈奴二人,生擒一人。不料,这时又同匈奴几千骑兵遭遇。匈奴军在山上列阵,威胁汉军。李广手下骑兵见状大惊,皆拨马欲逃。李广急忙制止说:"我们远离主力部队,如果惊慌溃逃,匈奴会立即追杀我们。若镇静不动,匈奴就会以为我们是诱敌之兵而不敢交战。"

于是,李广率汉骑继续前进,到距匈奴大军约二里的地方止住,命令汉骑:"全部下马解鞍!"众骑兵不解,问:"敌人又多又近,倘若来攻,怎么办?"李广回答:"敌人原以为我们会畏惧而逃,现都解鞍下马,正是为了稳住敌人。"匈奴见状，果然不敢轻动。一会儿，匈奴中有个骑白马的将领冲下山来，想解救那个被俘的士兵。李广带十余人上马拦击，射杀匈奴来将后又折回原地，解鞍而卧。这样相持到晚，匈奴难辨虚实，终不敢下山作战。至半夜，匈奴怕汉军伏兵袭击，遂撤兵而去。李广终于率百余汉骑脱离险境，返回营地。

李广有胆有谋，善于近战，凡与敌相遇，非到数十步之内决不滥发一箭，而且不射则已，射则必中，箭无虚发。由于李广经常轻骑近战，因而也常常被敌围困，作战失利的情况较多。但他每次都能机智应变，转危为安，使匈奴莫可奈何。武帝元狩三年（前120年），李广为郎中令。汉武帝派他率骑兵四千出右北平攻击匈奴；另遣博望侯张骞率骑兵万人随后跟进。不料张骞出塞后走了岔道，致使李广孤军无援，被匈奴左贤王的四万骑兵团团围住。敌人十倍于汉军，士兵们惊恐不安。李广为了安定军心，首先派他的孙子李敢率数十骑兵冒死去冲击匈奴军队，回来报告说，匈奴兵好对付，这才使军心稳定下来，列成圆阵进行防守。

不久，匈奴四面进攻，箭如雨下，汉军寡不敌众，死亡过半，箭也将用尽。李广临危不惧，从容指挥。他令士兵搭箭不发，自己却首当其冲，用大黄连弩连连射杀敌人裨将数名。匈奴连失裨将，军心动摇，稍撤围兵。夜幕降临，汉军更加惶恐，李广一面抚慰兵士，一面整顿行阵，镇定如初，使军士大受鼓舞。第二天，李

张骞

广又率残兵与敌死战，一直坚持到张骞的援军赶到，匈奴解围而去。汉军终于摆脱困境。

还有一次，汉武帝派李广率军出雁门（今山西代县西北）击匈奴。因

匈奴人多势众，李广兵败被俘。当时李广正患重病，被俘后，匈奴把他卧放在一个绳网上，让两匹马一左一右扯着押回营地。李广佯死静卧，眼睛却偷偷地寻找脱逃机会。走了十几里后，李广发现有个骑着一匹好马的匈奴小孩走到身旁。他见时机已到，猛地腾身而起，跃上小孩的坐骑，夺下弓箭，推下孩子，策马而奔。匈奴兵从惊呆中醒悟，立即发数百骑兵追捕。李广利用那张夺得的弓箭，连连射杀追敌，终于脱身归营。由于李广善于骑射，后来匈奴就誉称李广为"飞将军"，不敢轻易与其作战。

白发请战

元狩四年（公元前119年），汉武帝派卫青、霍去病等人率大军深入漠北，寻求匈奴主力决战。李广虽已年逾花甲，白发苍苍，但壮心不已，请求出征。武帝见他年事已高，初不应允，经李广再三恳求，才勉强答应。于是以其为前将军，归卫青指挥。行前武帝嘱咐卫青："李广老，数奇（命运不好），毋令当单于"，不让李广与匈奴单于对敌。卫青出塞后，决定分兵两路，自率主力进攻正面，令李广与右将军赵食其出东道堵截，实行两面夹攻。东道迂回绕远，不能与敌正面交锋，李广极不乐意，就向卫青力争说："臣结发而与匈奴战，今乃一得当单于，臣愿居前，先死单于"（我愿担任前锋，先同单于决一死战）。卫青想到武帝的告诫，同时也想把与单于作战的机会留给其好友公孙敖，遂坚持不让李广参加正面作战。李广请战不得，心甚不满，但囿于军令，只好领兵东行。李广军出发不久即迷失方向，没能与卫青预期合击单于，失了战机。作战结束，当卫青询问

卫青像

原因，准备上报天子时，李广羞愧已极，说："广自结发（指年轻时）就与匈奴作战，大小七十余次。这次有幸跟大将军出战单于，而大将军却命我绕道远行，又迷失方向，这不是天意吗？我今六十多岁，终不能再面对刀笔之吏（指刑狱官）呀！"遂拔剑自刎。一个一生戎马，威震敌胆的老将这样死去，全军上下都为他哀痛哭泣不已。百姓们听到这个消息，无论老幼都流下了眼泪。

唐人王维写诗道："卫青不败由天幸，李广无功缘数奇。"把李广失败归于天"数"，当然是不正确的。李广虽然艺高胆大，屡建战功，但他有两个致命的弱点，一是"自负其能"，二是治军不严。李广是员老将，但其指挥大军作战的能力远不如卫青、霍去病等青年将领，仅凭个人本领，带领少数骑兵冲锋陷阵；也正因为孤军奋战，没有协同，所以"其将兵数困辱，其射猛兽亦为所伤"。其次，李广带兵虽然能与士卒打成一片，所谓"得赏赐辄分其麾下，饮食与士共之"，但是对部队管理不善，要求不严。行军时不按编制序列行动，宿营时则"人人自便"，既不打更，也不点名，"宽缓不苛"。当时有个叫程不识的太守，他带兵正好与李广相反，行军必须严守纪律，宿营坚持"击刁斗"，"吏治军簿至明，军不得休息"。所以当时许多士兵都愿意投李广，不愿随程不识。其结果是，李广军虽屡创奇迹，也曾多次遭到失败。程不识虽未建立特殊战功，但因戒备森严，高度警惕，敌人不敢进攻，"亦未尝遇害"。因此，宋代史学家司马光认为："为将者，亦严而已矣。然则效程不识，虽无功，犹不败；效李广，鲜不覆亡哉！"看来，司马光的见解要比王维高明得多。

无论如何，李广仍不失为一代名将。他少壮从军，一生风餐露宿，驰骋沙场，战时身先士卒，平时与士卒同甘共苦，深得将士们拥戴。李广虽毕生征战，但"家无余财"，"禄不得爵邑，官不过九卿"。唐代诗人高适在一首诗中写道：

　　惟昔李将军，
　　按节出此都。
　　总戎扫大漠，

一战擒单于。
常怀感激心，
愿效纵横漠。

大漠雄鹰——成吉思汗

从破落子弟到可汗

成吉思汗原名铁木真，公元1162年生于斡难河畔一个奴隶主贵族家庭。但是铁木真出生不久，他的父亲就被塔塔尔部落的人用毒药害死了。所以，铁木真的童年充满坎坷和艰辛。

坎坷的经历和艰辛的生活锻炼了铁木真忍辱负重、百折不挠的性格，培育了他不畏艰险奋发向上的意志。一个智勇过人、刚毅坚韧的青年冲破了层层压抑，迅速成长起来。于是他开始注意收罗人才，争取人心，并把妻子的嫁妆——黑貂裘献给克烈部落酋长，请其帮助收拢以前离散的亲族和部众。在克

成吉思汗像

烈酋长脱里和札答剌惕部酋长札木合的帮助下，铁木真击败了仇敌篾儿乞部。从此，铁木真威名大震，势力日强，不仅旧日的部属和亲族又返归故主，就连札木合的部属，看到铁木真智勇超群，前途无量，也纷纷率全家、全氏族投奔过来。这样，铁木真终于恢复并超过了他的父亲也速该在世时的家族盛况，成了周围部落一致景仰的英雄。

铁木真28岁时（公元1189年），被邻近氏族的贵族们推举为可汗（部落酋长）。从此，铁木真开始大力整军经武，组织军队，建立行政制度，加

强个人权力,为统一全蒙古而进行准备。

统一蒙古之战

"十三翼之战"是铁木真统一蒙古战争的第一仗。作战对象就是札木合。札木合是实力最雄厚的札答剌惕部落的酋长。他见自己的部族纷纷投向铁木真,极为恼怒。于是以其弟被铁木真部下射杀为借口,联合泰赤乌等十一个部落共三万余众,向铁木真发动进攻。铁木真也集中所属全部兵马,分为十三翼,在答阑巴勒主惕(今内蒙呼伦贝尔草原)举行会战。结果铁木真失利,损失惨重。但由于札木合残杀被俘贵族,引起部属不满,他们竟纷纷离开札木合投奔铁木真,反而增强了铁木真的实力。

公元 1196 年,塔塔儿部落酋长背叛金国。金统治者派丞相完颜襄联合克烈部落酋长脱里共同平叛。铁木真为了趁机扩张势力,同时也为了报杀父之仇,也自告奋勇地参加对塔塔儿的作战。他身先士卒,冲锋陷阵,在斡难河大败塔塔儿部,杀其酋长,缴获大量辎重。作战结束后,金统治者封脱里为王(亦称王汗或王罕),铁木真为"察兀忽鲁"(统率数部之长)。从此铁木真南靠金国、北联王汗,其政治地位明显提高,可以毫无顾忌地进行统一作战了。

不久,铁木真与王汗军队合兵一处,进攻乃蛮部落。如果说铁木真在以前的作战中还带有浓厚的血亲复仇色彩的话,那么,他与王汗联合起来所进行的战争,则已具备了统一蒙古诸部落的远大的战略目的。他已开始懂得依据不同形势,运用不同的战术;已经制定并实行了联合同盟军,利用矛盾,远交近攻,各个击破的战略方针。在这次作战中,铁木真旗开得胜,生擒乃蛮先锋官,继又与其骁将曲薛吾相遇。时夜暮降临,双方约定次日决战。王汗早知曲薛吾骁勇无敌,为了保存实力,当夜改变主意,在营中遍燃篝火迷惑铁木真,自己却悄悄领兵撤往土兀剌河(今蒙古乌兰巴托西鄂土拉河)。铁木真发现王汗撤走,怕他心怀异志,从侧后袭击,也撤至萨里河。曲薛吾发现王汗撤兵,乘势追袭,杀得王汗丢盔弃甲。王汗一面命儿子率部抵抗追敌,一面派人向铁木真求救,说:"乃蛮不道,掠我人民,太子有四良将,能假我以雪耻乎?"铁木真本来对王汗私自撤兵非常愤恨，但此刻见其被敌追袭觉得应该尽弃前嫌，解救王汗，以维持两军联盟，共同对敌。遂毅然派遣博尔术、木华黎、博尔忽、赤老温四员虎将前往救援。这时，曲薛吾已大败王汗军。铁木真的四员大将赶到，勇猛反攻，大败曲薛吾。战后，铁木真将缴获的战利品全部送给王汗。他这种无私无畏的品格和博大的胸怀，不仅使王汗深为感愧，也受到许多部落族众的敬仰，纷纷慕名投奔。

铁木真威望日高，势力日大，使其他部落贵族受到了严重威协。于是乃蛮、泰赤乌等十一个部落联合起来，斩白马为盟，共推札答剌惕酋长札木合为古儿汗（大汗），于1201年进攻铁木真。铁木真毫不畏惧，与脱里王汗的军队加强联盟，共同抗敌。几经激战，大破札木合率领的十一部落联军，乘胜追击，又打败泰赤乌部，旋于次年袭灭塔塔儿部。至此，铁木真完全肃清了东蒙古的敌对势力，控制了水草丰美的呼伦贝尔牧场；随着物质财富的显著增加，其军事力量更加雄厚。

王汗见铁木真逐渐强大，感到不利于己。在札木合的挑拨下，他决定背约退盟，并与铁木真公开战争。王汗先派人请铁木真赴宴，企图在宴席上将其暗杀，不料被铁木真识破，中途折返。王汗见暗杀未逞，遂准备于翌日拂晓突袭铁木真，在军事上先发制人。铁木真当夜得到消息，紧急召集部众，严阵以待。翌日，领兵至阿兰塞（今吉林白城市西老头山附近），迎击王汗军。他以高超的指挥艺术，三战三捷，最后杀败王汗亲兵，射伤其子亦剌合，取得了首战的胜利。当然，铁木真军队由于以寡敌众，也受到很大损失，战后检查部队，只剩下两千六百人。铁木真为了获得喘息机会，藉以休整部队恢复力量，遂主动向王汗及札木合求和。在休战期间，铁木真广揽民心，扩充军队，并大造舆论，声讨王汗，使自己在政治上处于有利地位。俟一切准备就绪，铁木真率军向王汗营地潜进。至班朱尼河，他捧起浑浊的河水，一饮而尽，借以盟誓杀敌。尔后乘王汗军不备，突然发动进攻。经三天血战，大败王汗军。王汗和他儿子桑昆突围逃走，后被乃蛮边将所杀。班朱尼河之战是蒙古历史上的一次关键性作战，它是铁木真统一大业走向成功的转折点。从此，铁木真军队由弱变强，全面掌握了统一战争的主动权。

1204年，铁木真决定进攻居于蒙古西部的最大的割据势力乃蛮部。时值春季，诸臣都认为春天马瘦，战力不强，劝铁木真等到秋高马肥时再进攻。铁木真的弟弟斡赤斤反对这种意见，说："事所当为，断之在早，何可以马瘦为辞？"大将别里古台也说，乃蛮自恃国大，狂妄自夸，"苟乘其不备而攻之，功当可成也"。铁木真赞同这种意见，他满怀信心地说："以此众战，何忧不胜。"遂决定乘乃蛮无备之机，出敌不意，进兵突袭。铁木真以忽必来、哲别二将为先锋，率大军进驻建忒该山（今内蒙杭爱山）。乃蛮部落酋长太阳罕闻铁木真兵至，仓促纠集周围部落共同御敌。乃蛮兵也屯驻杭爱山，"兵势颇盛"。一天，铁木真的一匹惊马跑到乃蛮营中，太阳罕一见，笑道："蒙古之马瘦弱如此，今当诱其深入，然后战而擒之。"话毕，上马领兵挑战。铁木真立即率兵迎战。双方激战竟日，太阳罕不敌，坠马被杀。乃蛮军见酋长身死，全面崩溃，落荒而逃，"夜走绝险，坠崖死者不可胜计"。次日，余部全部投降。乃蛮覆灭，其他中小部落失去了靠山，遂相率投降铁木真。至此，铁木真终于完成了统一全蒙古的历史大业。

1206年，全蒙古贵族在斡难河畔举行大会，推举铁木真为全蒙古的大汗，并尊称为成吉思汗。成吉思汗成为全蒙古的第一个最高统治者。时年51岁。成吉思汗经二十多年苦战，终于统一了长年混战的蒙古族各部，结束了动荡不安的局面，对蒙古高原的游牧经济和文化发展作出了巨大贡献。

成吉思汗称汗的斡难河大典

成吉思汗统一蒙古后,作了许多振兴民族的大事,除了颁布法典和确立蒙古语言文字外,更重要的是建立统一的军事行政制度。

仅用两三年,成吉思汗就建立起一支崭新的强大的武装力量。他决心用这支武装,保护新生的蒙古政权,并不断使之发展壮大,他也要用这支武装去逐鹿中原,争夺帝位,去干一番轰轰烈烈大事业。他首先进攻的目标,就是南面的金朝。

三战中都

金朝位于南宋和蒙古之间,金统治者灭掉北宋入据中原后,不仅残酷地奴役中原各族人民,而且还把北部蒙古纳入属国范围,实行分化、压榨和屠杀政策,蒙古族人民恨之入骨。成吉思汗决定利用本族人民这种仇恨心理,发动对金战争。

但是,当时在金的西面还有一个藩属西夏(今甘肃、宁夏一带)。为了摆脱西夏的牵制,避免两线作战,成吉思汗决定在进攻强敌金朝之前,先对西夏用兵。金大安元年(1209年),成吉思汗率军进攻西夏,一战而败西夏主力军队,长驱直入西夏京城中兴府(今银川市),逼迫西夏议和。这一仗,使西夏一蹶不振,在短期内不可能牵制蒙军进攻金朝,解除了蒙军翼侧威胁。

征服西夏后,成吉思汗加紧进行攻金的战争准备。金统治者见成吉思汗有兴兵迹象,遂于1211年春发兵攻蒙,企图先发制人,击败蒙军。成吉思汗趁机起兵迎敌,开始了灭金战争。

由于蒙古军民同仇敌忾,蒙古骑兵骁勇骠悍,成吉思汗本人又"深有大略,用兵如神",所以对金战幕一拉开,就连败金军精锐,突破金朝"乌沙堡"防线,直逼长城脚下。1212年8月,金廷派大将纥石烈九斤率兵三十万,迎战于会和堡(今河北怀来东南),但在蒙军凶猛冲杀下一败涂地。金兵"僵尸百里",金国精兵良将在此地丧失大半。蒙军乘胜推进,9月攻破宣德州(河北宣化)及永兴府(河北涿鹿县),其前锋铁骑猛进,从居庸关越过长城,攻占南口,进围金都城中都(今北京)。中都城防坚固,兵精粮足,金廷拼力扼守,这对以骑兵野战为特长的蒙军十分不利。于是成吉思汗决定暂时放弃中都，而将主力分为三路向中都两翼发展进攻，以寻歼金军有生力量，削弱金朝实力。以大将哲别率一部由中都东进，攻掠金朝东京（今辽阳），皇子术赤率部迂回西北，袭掠云内（呼和浩特西南）、东胜（今内蒙托克托）等州，成吉思汗亲率主力进袭西京（今山西大同）。1213年秋，蒙军主力围攻西京，金朝元帅奥屯襄督师赴援，成吉思汗遂转移兵力迎战奥屯襄。成吉思汗将主力军队埋伏于密谷口（今河北阳高西北），尔后派出一部兵力诱敌深入。

成吉思汗属下大将哲别

当金兵进入埋伏地域，蒙军突然跃出，奋力冲杀。奥屯襄又全军覆没。消灭金朝援军，蒙军再次回师围攻西京。在攻城作战中，成吉思汗不幸中箭受伤，只好暂时撤围退兵。第一次中都之战，蒙军重创金军主力，攻占许多边塞要地，使金朝国力顿衰，人心慌恐，为全面打败金军奠定了基础。

1214年7月，成吉思汗第二次率兵入关，再次袭略中都周围州郡，进占涿、易（河北易县）两州。金朝将中原诸路军队全部调到两京（中都和西京）一带，防卫其政治中心，造成边塞诸隘无兵可守，中原地区更为空虚。成吉思汗见此情景，决定继续采取野战歼敌的作战方针，弃两京于不顾，而将蒙军分为三路向河北、山西、山东等广大深远地区发动进攻，以进一步削弱金军力量，夺取财物壮大自己。以皇子术赤、察哈台等人率领右军从涿州出发，沿太行山南进，经保州（今河北保定）、邢州（今河北邢台）直抵卫州（今河南汲县），然后沿黄河北岸向西北卷击，大掠泽州（山西晋城）、平阳（山西临汾）、太原（山西太原）等地而回；皇弟哈撒儿等率领左军，向东挺进，连克蓟州（河北蓟县）、滦州（河北滦县）、辽西诸州，成吉思汗与皇子拖雷为中军，经雄州（今河北雄县）等地向山东一带进攻。连克济南府（今山东济南）、沂州（今山东临沂）等广大地区，其前锋直指登州（今山东蓬莱）。这次作战，蒙军像一股巨大的旋风，遍扫金国大部领土，排山倒海，势不可挡，"凡破九十余郡，所过无不残灭"。金朝皇帝龟缩于中都，不能有所作为。

这次作战，蒙军不仅将金朝内地兵马予以重创，而且掠夺了大量的财物，掳去了许多汉族工匠，使其战斗力进一步增强。实现预定战略目标后，成吉思汗马上回师中都，扎营于北郊。诸将都主张乘胜进取中都，成吉思汗没有答应。他不马上攻中都是暂让金帝苟延残喘，以利用军事威势获取更多的利益。于是他遣人与金主议和，指出："现在山东河北郡县尽为我有，你能守的只有中都罢了。我今天回师于此，你还不赶快犒劳我军以平息诸将之怒吗？"金主已成惊弓之鸟，赶紧献童男童女各五百人、马匹三千予蒙军，并将金公主嫁与成吉思汗为妻。和议告成，蒙军退出居庸关。

金朝已完全被蒙军吓破了胆。蒙军撤退不久，金帝就仓皇迁都南京（今开封），仅留太子及少量兵力守卫中都。成吉思汗及时抓住有利战机，于1215年正月第三次派兵入关，袭取中都。蒙军连败金廷两路援兵，将中都置于绝境。5月，金中都守将绝望自杀，中都终于被蒙军占领。

成吉思汗在三次中都之战中，果敢指挥，机动灵活，不仅战争准备充分，而且善于捕捉战机，注意选择正确的进攻方向，充分发挥骑兵的冲击威力，坚持速决的运动战的作战方针，终于取得了重大胜利。当然，蒙古骑兵在进攻金朝时，仍保持其掳掠财物的习性，使内地生产遭到了严重破坏，给当时人民造成了苦难，这也是毋庸回避的事实。

1227年，成吉思汗再次率兵进攻西夏，因伤病复发死在军中，终年65岁。临终前，成吉思汗提出了"联宋灭金"的战略设想。他说："金精兵在潼关（今陕西潼关），南据连山，北限大河（黄河），难以遽破。若假道于宋，宋、金世仇，必能许我，则下兵唐（今河南唐河）、邓（今河南邓县），直捣大梁。金急，必征兵潼关。然以数万之众，千里赴援，人马疲弊，虽至弗能战，破之必矣。"这一高瞻远瞩的战略设想，较集中地反映出成吉思汗的军事战略思想，体现了他注意客观形势，充分利用矛盾，善于以己之长攻敌之短的军事指挥特色。

成吉思汗死后，其子孙继续向外扩张，先后攻灭金朝和南宋，形成了横跨欧亚的大帝国。1271年，成吉思汗之孙忽必烈改国号为大元，创立了中国历史上的元朝，并追尊成吉思汗为元太祖。

横刀立马的彭德怀

内战时期的彭大将军

彭德怀是中国无产阶级革命家、军事家、政治家。中国人民解放军创建人和领导人之一，中华人民共和国元帅。他原名得华，号石穿，湖南湘潭人。1898年10月24日出生于湖南省湘潭县彭家围子。幼年读过两年书，因家贫辍学务农，下煤窑做工。15岁参加饥民闹粜，被官府通缉，逃到洞庭湖当堤工。

彭德怀于1916年入湘军当兵，痛恨帝国主义侵略和军阀黑暗统治，萌发富国强兵思想。1919年在连队秘密组织"救贫会"，后因派会员杀死一恶霸被捕，在押解途中逃脱。1922年改名彭德怀，考入湖南陆军军官讲武堂，毕业后回湘军任排长、连长、营长。

1926年随部队编入国民革命军，参加北伐战争，结识共产党人段德昌，开始接受共产主义思想。1927年1月于所在营成立士兵委员会，订立反对帝国主义、封建军阀和维护士兵权益的会章。1928年1月升任团长，4月在大革命失败的革命低潮时期加入中国共产党。同

彭德怀元帅

年7月22日与滕代远、黄公略等领导平江起义，组建中国工农红军第5军，任军长兼第13师师长。率部在湘鄂赣边转战数月，建立三省边界革命根据地，后率第5军主力到达井冈山，与毛泽东、朱德领导的第4军会师。1929年1月为了配合第4军主力向赣南、闽西进军，担负留守井冈山、钳制湘赣敌军的艰巨任务。1930年6月任第3军团总指挥，率部在平江击败国民党军的进攻，乘胜攻入长沙，占领十日。1931年11月任中华苏维埃共和国中央革命军事委员会副主席。1934年1月补选为中共第六届候补中央委员。在中央苏区历次反"围剿"中，他是前线主要指挥员之一，所率3军团屡建战功。在第五次反"围剿"中，逐渐认识到"左"倾冒险主义的危害，曾对错误的军事指挥提出严肃的批评。

1934年10月率部参加长征。在遵义召开的中共中央政治局扩大会议上，支持毛泽东的主张，会后率3军团积极执行新的作战方针，北渡赤水，回师攻占娄山关，再克遵义城，协同第1军团歼灭大量反扑之敌，取得第一方面军长征后第一个大胜利。1935年6月第一方面军同第四方面军会合后，他坚决拥护北上方针，反对张国焘的分裂活动。9月，第1、3军合编为陕甘支队，任司令员。10月，与政治委员毛泽东率部到达陕北。在他率领红军勇猛打退敌军骑兵的追击后，毛泽东曾写诗赞扬他："山高路远坑深，大军纵横驰奔，谁敢横刀立马，唯我彭大将军。"同年11月，任西北革命军事委员会副主席、第一方面军司令员。参与指挥直罗镇战役。1936年1月补选为中共中央政治局委员。2月任中国人民红军抗日先锋军司令员，与毛泽东等指挥部队东渡黄河，挺进山西，宣传抗日，扩大红军。5月任西方野战军司令员兼政治委员，率部西征宁夏、陇东，迎接第二、第四方面军北上会师。10月底任红军前敌总指挥部总指挥，参与指挥山城堡战役。

抗战和解放战争时期的彭老总

抗日战争爆发后，彭德怀任中共中央军委委员、八路军副总指挥（第18集团军副总司令）。与朱德总司令一起指挥八路军开赴华北前线，配合国民党军作战，取得平型关等战斗的胜利。尔后在华北敌后领导发动群众，扩大抗日武装，建立抗日根据地，指挥部队开展独立自主的游击战争；在与日军进行频繁战斗的同时,并与制造磨擦的国民党顽固派进行了坚决的斗争。1940年,在华北发动大规模的交通破袭战(史称百团大战),沉重地打击了日伪军,使全国军民受到鼓舞。1942年8月代理中共中央北方局书记,统一领导对敌斗争、整风学习、大生产和减租减息运动,实行精兵简政,领导华北军民渡过抗日战争最艰苦的阶段。1943年9月回延安参加整风运动。1945年6月当选为中共第七届中央政治局委员,并被任命为中央军委副主席兼总参谋长,协助毛泽东、朱德指挥对日军的大反攻。

抗日战争中的彭德怀

解放战争时期,彭德怀任西北野战军(后为第一野战军)司令员兼政治委员、中国人民解放军副总司令。1947年3月初,国民党军胡宗南等部20多万人重点进攻陕甘宁解放区时,指挥仅2万余人的陕北部队和后勤机关,同10倍于己的敌军作战。在中共中央和解放军总部主动撤出延安后,根据毛泽东提出的作战方针,采取拖疲敌人的"蘑菇战术",伺机集中优势兵力各个歼灭敌人,在一个半月内连续于青化砭、羊马河、蟠龙镇三战三捷,后又在沙家店歼敌两个旅,挫败国民党军对陕北的重点进攻,扭转了西北战局,有力地配合了人民解放军在其他战场的作战。1948年2、3月间率部在宜川、瓦子街一举歼敌五个旅,于4月22日收复延安。彭德怀出奇制胜,以劣势兵力战胜优势兵力的指挥艺术,丰富了毛泽东军事思想。1949年在解放军向全国进军的形势下,运用军事进攻与和平谈判方式,解放西北五省。任中共中央西北局第一书记、西北军政委员会主席、西北军区司令员。中华人民共和国成立后,任中央人民政府人民革命军事委员会副主席。

十大元帅中的佼佼者

1950年10月，当美帝国主义侵略朝鲜、严重威胁中国边境安全时，他坚决拥护抗美援朝的决策，出任中国人民志愿军司令员兼政治委员，指挥中国人民志愿军，同朝鲜人民军一起，在七个月内连续进行五次战役，把以美国为首的"联合国军"赶回到"三八"线，迫使其转入战略防御，接受停战谈判。经过两年边打边谈，于1953年7月签订停战协定。朝鲜民主主义人民共和国最高人民会议常务委员会授予他"朝鲜人民共和国英雄"称号。

1952年4月回国，主持中央军委日常工作。从1954年9月起任国务院副总理兼国防部部长和国防委员会副主席。他以极大的魄力，领导实行军队组织机构和重大制度的改革，改善武器装备，组建技术兵种，举办各类军事学校和研究机构，实施正规的军政训练，建立第一线国防筑城体系，促进人民解放军在保持优良传统的基础上，实现从单一兵种到诸军兵种合成军队的历史性转变。

1955年被授予中华人民共和国元帅军衔和一级八一勋章、一级独立自由勋章、一级解放勋章。1956年被选为中共第八届中央政治局委员。1959年7月在中共中央政治局扩大会议（庐山会议）期间，勇于直言，写信给毛泽东主席，对"大跃进"和人民公社化运动中的错误提出批评，遭到错误的批判，并在中共八届八中全会上被错定为"右倾机会主义反党集团"的首领，免去国防部长职务。1962年6月，他给中共中央和毛泽东写信，反驳庐山会议强加给他的不实之词，坚持真理，再次受到错误的批判和审查。1965年9月被派往四川任中共中央西南局"三线"建设委员会第三副主任，仍顾全大局，兢兢业业地工作。"文化大革命"中，又遭"四人帮"严重迫害，他据理斗争，坚贞不屈，由于长期的摧残和折磨，1974年11月29日在北京逝世。1978年12月中共十一届三中全会为他平反昭雪，恢复名誉。出版有《彭德怀自述》、《彭德怀军事文选》。

称霸欧洲的拿破仑

创造历史

　　拿破仑1769年出生在法国科西嘉岛的阿雅克肖城。当时科西嘉岛刚刚被卖给波旁王朝统治的法国，拿破仑出生时正好是这一交易的周年纪念日。他的家族是一个没落的意大利贵族世家，法王承认其父亲为法国贵族。在父亲的安排下，拿破仑9岁时就到法兰西共和国布里埃纳军校接受教育。1784年以优异成绩毕业后，被选送到巴黎高等军事学校，专攻炮兵学，只用一年的时间就考取了别人用三年才能取得的军官资格，被任命为皇家炮兵少尉。在随部队驻防各地期间，他阅读了许多启蒙思想家的著作，其中让·雅各·卢梭的思想对他的影响非常大。拿破仑一开始自认是一个外国人，他是保利的崇拜者，一心希望有一天能够让科西嘉从法兰西共和国独立出去。

　　1789年法国大革命爆发后，拿破仑回到科西嘉，希望推动科西嘉独立，但遭到亲英反法的保利集团排挤，最后全家逃往法国。在1793年7月，拿破仑带兵攻下了保王党的堡垒土伦，因此受到雅各宾派的赏识，被破格提拔为准将。1794年热月政变中拿破仑由于和罗伯斯庇尔兄弟关系紧密而受到调查，后因拒绝到意大利军团的步兵部队服役而被免去准将军衔。1795年他受巴黎督政官巴拉斯

拿破仑像

之托成功平定保王党武装叛乱（史称葡月风云），一夜之间荣升为陆军中将兼巴黎卫戍司令，在军界和政界中崭露头角。

拿破仑是一名出色的军事家，对当时的军事知识深有研究，善于将各种军事策略运用于实战之中，当过炮兵的他很重视炮兵的战术应用，他曾说过"火炮是战争之神"，尤其是主张将火炮集中使用，以及充分发挥骑兵的机动作用。1796年3月2日，27岁的拿破仑被任命为法兰西共和国意大利方面军总司令，3月6日与情人约瑟芬·博阿尔内结婚，之后便匆匆奔赴前线。在意大利，拿破仑统率的军队多次击退了奥地利帝国与撒丁王国组成的第一次反法同盟联军，最后迫使对方签署了有利于法兰西共和国的停战条约。

取得意大利之役的胜利后，拿破仑的威信越来越高，他成为法兰西人的新英雄。而他的崛起令督政府感受到威胁，因此任命他为阿拉伯埃及共和国共和国军司令，派往东方以抑制英国在该地区势力的扩张。在拿破仑的远征军中，除了2000门大炮外，还带了175名各行业的学者以及成百箱的书籍和研究设备。在远征中，拿破仑曾下达过一条著名的指令："让驴子和学者走在队伍中间。"拿破仑本人精通数学，同时还十分喜爱文学和宗教，受启蒙运动的影响十分大。

然而，1798年远征埃及本身是一个大失败。拿破仑的舰队在尼罗河之战中被英国的海军上将纳尔逊完全摧毁，海军主帅布吕埃斯战死，陆军部队被困在埃及，拿破仑打掉斯芬克斯鼻子的事情也是在这里发生的。1799年回国时，400艘的军舰只剩下2只小舰，原本侵略印度的计划受阻，人员损失惨重，面对这样的情形，幸运之神把头转向了拿破仑。他从一张法国过期的报纸上得知了法国国内紧张的形势和严峻的外部压力，感到时机成熟的拿破仑丢下了自己的军队，秘密回国，作为一名军事统帅，这是很难让人理解的，但作为一名有着敏锐洞察力的政治家，拿破仑做出了一个最为正确的抉择。

此时欧洲反法联盟逐渐形成，而法兰西共和国国内保皇派势力则渐渐上升。1799年8月，拿破仑赶回巴黎。1799年10月，回到法兰西共和国的拿破仑被当作"英雄"来欢迎。11月9日，拿破仑发动了雾月政变并获得成功，成为法兰西共和国第一执政，实际为独裁者。

面对紧张的国内形势和严峻的外部压力,拿破仑进行了多项涉及政治、教育、司法、行政、立法、经济方面的重大改革,其中最著名并且直到今天依然有重要影响的《拿破仑法典》。其中很多条款拿破仑本人亲自参加讨论并最终制定,法典基本上采纳了法兰西共和国大革命初期提出的比较理性的原则。法典在1804年正式实施,法国大革命的成果从法律上得以稳固,即使是在一个多世纪后依然是法兰西共和国的现行法律。拿破仑在编写回忆录时曾说过:"我的伟大不在于我曾经的胜利,滑铁卢一战已使它随风而去。我的伟大在于我的法典,它将永远庇护法兰西的人民享受自由。"法典对德国、西班牙、意大利等国的立法起到重要影响。在政变结束后三周拿破仑向人民发布的公告中,他自豪地宣称:"公民们,大革命已经回到它当初籍以发端的原则。大革命已经结束。"

加冕称帝

1802年8月,拿破仑修改共和八年宪法,改为终身执政。1804年5月18日,《共和十二年宪法》颁布,宣布法国为法兰西帝国,拿破仑为帝国皇帝,称拿破仑一世。这就是历史上的法兰西第一帝国。12月2日,他并不

拿破仑加冕

是由教皇庇护七世加冕的,而是自己将皇冠戴到了头上,然后还把妻子约瑟芬·博阿尔内加冕为皇后。1805年5月26日,他又在意大利由教皇加冕为意大利国王。

1805年8月,奥地利、英国、俄国组成了第三次反法同盟,拿破仑于是在9月24日离开巴黎,亲自挥军东进,到10月12日法军已经占领了慕尼黑。10月17日法兰西共和国和奥地利帝国在乌尔姆激战后,反法同盟投降。12月2日法兰西帝国又取得了奥斯特里茨战役的胜利,反法同盟再度瓦解,并且迫使神圣罗马帝国解散。拿破仑随后联合了德国境内各诸侯国组成"莱茵邦联",把它置于自己的保护之下。次年秋天,英国、俄国、普鲁士组成了第四次反法同盟,但是10月14日拿破仑和法国元帅达武分别同时在耶拿和奥尔斯塔特击溃敌军,普鲁士的军队几乎全军覆没,拿破仑因此取得了德国大部分地区。1807年6月法军又在波兰大败俄国军队,拿破仑与俄国沙皇亚历山大一世会面,双方签订了和平条约。在此前一年拿破仑颁布了《柏林敕令》,宣布大陆封锁政策,禁止欧洲大陆与英伦的任何贸易往来。自此,法兰西帝国在欧洲大陆的霸主地位得到了确立。拿破仑一世兼任意大利国王、莱茵邦联的保护者、瑞士联邦的仲裁者,并分别封他的兄弟约瑟夫、路易、热罗姆为那不勒斯、荷兰、威斯特伐利亚国王。

东征西战

1807年末西班牙爆发内部动乱,西班牙国王遭到人民的唾弃。拿破仑乘机入侵了西班牙,并让其长兄约瑟夫·波拿巴成为西班牙国王。但是这个举动遭到了西班牙人的反对,拿破仑根本无法平息当地的暴动。大不列颠及北爱尔兰联合王国在1808年介入西班牙争端,英军8月8日登陆蒙得戈湾,8月30日占领了整个葡萄牙。之后英军在当地民族主义者的支持下,逐步将法军赶出了伊比利亚半岛。法国入侵西班牙对拿破仑的政治生涯产生了挥之不去的阴影,在这次战争中法国几乎没有获得任何好处,相反却大量地损兵折将。

正当拿破仑陷入西班牙泥潭之际,1809年初第五次反法同盟组成。奥地利帝国在背后偷袭法国在德国的领土,拿破仑被迫退出西班牙,率军东征。奥地利帝国军队虽然一开始取得优势，但是拿破仑很快就转败为胜，迫使奥地利帝国签订维也纳和约，再次割让土地。次年，拿破仑娶奥地利帝国公主玛丽·路易莎为妻，法奥结成同盟。

到了1811年末，法俄关系已经开始恶化，俄国沙皇亚历山大一世拒绝继续与法兰西共和国合作抗英，最后战争爆发。拿破仑率领操十二种语言的五十万大军进入俄罗斯。俄军采取了撤退不抵抗的战略，直到1812年9月12日法军历经博罗金诺战役后，进入莫斯科。拿破仑本以为亚历山大一世将会妥协，未料到迎接他的却是莫斯科全城的大火。而此时在国内又有人策划了一次失败的政变，令他不得不赶回法兰西帝国，最后回到法兰西帝国的只有一两万人。

昙花一现的百日王朝

1813年英国、俄国、普鲁士和奥地利帝国组成了第六次反法同盟，双方在德国境内多次激战。虽然法军取得了多次胜利，但是针对拿破仑的压力却是越来越大，直到10月的莱比锡战役法军被击溃，各附庸国也纷纷脱离法兰西共和国独立，同盟军开始向巴黎挺进。1814年3月31日，巴黎被占领，同盟军要求法兰西共和国无条件投降，同时拿破仑必须退位。1814年4月13日拿破仑在巴黎枫丹白露宫签署退位诏书，此前两天拿破仑宣布无条件投降。拿破仑本人在退位后被流放到地中海上的一个小岛厄尔巴岛。拿破仑保留了"皇帝"的称号，可是他的领土只局限在那个小岛上。

拿破仑在往厄尔巴岛的路上几乎被暗杀，自己也尝试自杀未遂。而路易十八回到巴黎，重新成为法兰西王国国王，波旁王朝复辟。拿破仑的妻子和儿子生活在奥地利帝国皇室，还有传闻说拿破仑将被流放到大西洋上的一个小岛，这一切令拿破仑别无选择，最后在1815年2月26日逃出小岛，率领一千人于3月1日回到法国。本来被派来阻止他的法兰西王国军队转而继续支持拿破仑。3月20日拿破仑回到巴黎，此时他已经拥有一个14万人的正规军和20万人的志愿军，路易十八逃跑，百日王朝开始。

但是好景不长，欧洲各国迅速组成第七次反法同盟。1815年6月18日拿破仑的军队在比利时滑铁卢战役中全军崩溃，7月15日他正式投降。法

拿破仑在滑铁轮战役中全军崩溃

兰西第一帝国覆灭,路易十八再度复辟。拿破仑被流放圣赫勒拿岛。1821年5月5日,拿破仑在岛上去世,在礼炮声中这位征服者被葬在圣赫勒拿岛上的托贝特山泉旁。直至今日,拿破仑的死因还是众说纷纭,大不列颠及北爱尔兰联合王国医生的验尸报告显示他是死于严重胃溃疡,但新的研究认为拿破仑死于砷中毒,而且从当年贵族爱用的墙纸上,历史学家亦发现含有砷的矿物,估计是因为环境潮湿而让砷在环境中渗透出来。

他去世后九年,新的奥尔良王朝在人民的压力之下将拿破仑的塑像重新竖立在旺多姆圆柱上。1840年,法兰西王国七月王朝的路易·菲利浦派其儿子将拿破仑的遗体接回。该年12月15日,拿破仑的灵柩被运回巴黎,在经过凯旋门后安葬到塞纳河畔的荣誉军人院。

五星上将——麦克阿瑟

二战前的麦克阿瑟

这是一个具有狼一般性格的人:在战争中,他打的胜仗如同狼的捕获量一样多；尽管他也打过败仗，然而，他却把失败的捕猎当作磨练自己技能、增添对成功渴望的手段。有人说他是一名笑对失败、超然前进的将军。他就是美国名将道格拉斯·麦克阿瑟。

道格拉斯·麦克阿瑟，著名军事家，第二次世界大战时期历任美国远东军司令，西南太平洋战区盟军司令；战后出任驻日盟军最高司令和"联合国军"总司令等职。

麦克阿瑟于1880年1月26日出生在美国阿肯色州小石城的军人家庭。其父小阿瑟·麦克阿瑟是美国将军，他可谓是启发麦克阿瑟成为军人的人。麦克阿瑟晚年曾说："我最早的记忆就是军号声！而这一切，都是我的父亲给我的。我的父亲不仅给予我生命，而且给予我一生的职业道路。"1912年9月5日，老麦克阿瑟因心肌梗塞去世。为了纪念父亲，麦克阿瑟还把自己孩子的名字取名为阿瑟，并且把父亲的照片带在身上，半个世纪没离身。

1899年，麦克阿瑟考入西点军校。在校期间既刻苦攻读，又注重体育锻炼。四年之后以全班第一名的成绩毕业，赴菲律宾任美军第3工兵营少尉。

1905年，麦克阿瑟追随其父从事情报工作。1906年，成为美国陆军工兵学校学员，兼任西奥多·罗斯福总统的军事副官。1908年，调任工兵营连长，因训练有方而晋升为营部副官，稍后成为骑兵学校教官。1911年晋升为上尉，次年调入陆军参谋部任职。1915年晋升为少校。1916年，调任陆军部长贝克的副官，负责与新闻界的联络事务。

1917年，美国参加第一次世界大战后，从各州国民警卫

青年时期的麦克阿瑟

队抽调人员组成第42步兵师。麦克阿瑟出任第42步兵师参谋长，晋升为上校，赴法国参加世界大战。他声称该师人员来自美国各地，犹如跨越长空的彩虹，故该师亦称"彩虹师"。1918年，因作战勇敢和指挥有方，数次获得勋章并升任第84旅准将旅长。同年11月，在大战结束之后担任"彩虹师"代师长。

1919年6月，39岁的麦克阿瑟被任命为西点军校校长。他时刻把"责任·荣誉·国家"作为治校的座右铭。学校体育馆的上方，放着一块匾，上面镌刻着他的一句话：今天，在友好场地上撒播下种子；明天，在战场上收获胜利的果实！

1922年2月，与路易丝·布鲁克斯结婚，但因妻子威胁到麦克阿瑟钟爱的军事事业，所以，他毅然离婚。年底赴菲律宾任马尼拉军区司令。

1925年，麦克阿瑟晋升为少将，先后在亚特兰大和巴尔的摩任军长。

麦克阿瑟于1927年秋出任美国奥林匹克委员会主席，率美国代表队参加1928年在阿姆斯特丹举行的奥林匹克运动会并获得冠军。陆军参谋长为此致电祝贺："你不仅获得了美国人决不撤退的美誉，而且获得了美国人深知如何获胜的光荣。"此后，麦克阿瑟调任驻菲律宾美军司令。

1930年8月，麦克阿瑟收到陆军部长来电，得知胡佛总统决定让他出任陆军参谋长。麦克阿瑟考虑到当时处于世界经济危机之际，和平主义思潮高涨，军费开支必将缩减，惟恐出力不讨好，遂有推辞之意。其母则力劝他接受该职，声称"如果你表现出怯懦，你父亲在九泉之下也会为此感到羞耻"。

1930年11月，麦克阿瑟接受上将临时军衔，宣誓就任美国陆军参谋长。任内用机械化装备代替马匹，提高了部队的机动能力和速度，制定战争总动员计划；为诸兵种建立统一的采购制度以减少浪费，建立航空队司令部以提高地空部队的协调效率；反对国会因经济原因而欲裁减陆军机构的企图；反对削减军官队伍，声称"一支陆军可以缺乏口粮，可以衣住简陋，甚至可以装备破旧，但如缺少训练有素及指挥有方的军官，则在战时注定会被歼灭。胜利与失败的不同，全在于有无干练而有效率的军官队伍"；每年均成功地阻止削减陆军员额的议案，并为陆军的战备辩护。需要特别指出的是，作为陆军参谋长的麦克阿瑟于1932年不惜亲自披挂出马镇压华盛顿的美国退伍军人"退伍金进军"。1933年罗斯福出任总统之后，麦克阿瑟继续担任陆军参谋长。

1935年，麦克阿瑟的陆军参谋长任期届满，以少将军衔调任菲律宾政府总统奎松的军事顾问。1936年8月，获得菲律宾元帅军衔。1937年4月，与琼妮·费尔克洛思在美国结婚。1937年底，麦克阿瑟从美国陆军退役，开始组建菲律宾陆军。

二战中的麦克阿瑟

1941年6月，美国军方采纳"彩虹5号"计划，决定一旦与轴心国作战就把重点放在欧洲。7月，华盛顿下令将菲律宾陆军与驻菲美军合并，将麦克阿瑟转服现役，晋升为中将，任美国远东军司令部司令，下辖温赖特指挥的第1军和帕克指挥的第2军。12月8日，日军继偷袭珍珠港之后，对菲律宾发动进攻。由于麦克阿瑟判断错误和处置失当，驻菲律宾的美军轰炸机和战斗机大部被毁，空中防御能力丧失殆尽，再加上美菲军兵力有限，装备低劣而缺乏训练，无法抵挡日军的进攻，麦克阿瑟几乎要拿父亲留下的手枪自杀，与菲律宾人民共存亡。但是，罗斯福在1942年2月8日以国家的名义，再次命令麦克阿瑟及其家属撤离菲律宾。2月22日和23日，罗斯福和马歇尔连续给麦克阿瑟发电，让其撤离，并允诺让麦克阿瑟到澳大利亚指挥盟军反攻。3月11日晚，麦克阿尔无奈撤离。于是所有部队则从马尼拉撤往巴丹半岛固守，宣布马尼拉为不设防城市。就在1941年12月24日，麦克阿瑟晋升为

罗斯福

上将。

1942年1月,日军进占马尼拉。日军随后多次进攻巴丹半岛,但未能成功。当日本广播电台的"东京玫瑰"嘲笑美国太平洋舰队的时候,麦克阿瑟要求陆军部派遣飞机飞越菲律宾上空以打击"敌人宣传的气焰",稳定守军士气。然而,这种要求没有也不可能得到满足。3月,得到增援的日军向孤立无援的巴丹半岛等地的美菲军发起攻势。美国政府为避免麦克阿瑟成为俘虏,命令他将指挥权转交温赖特并赴澳大利亚担任西南太平洋战区盟军司令,指挥该区盟军作战。3月11日夜,麦克阿瑟在从科雷吉多尔登上鱼雷艇离开菲律宾之前,发誓"我还要回来"。4月9日,巴丹美军及菲律宾军约75000人被迫向日军投降。5月6日,巴丹陷落后转移到哥黎希律岛指挥作战的温赖特被迫请求投降,并于次日通过马尼拉广播电台命令所有美菲军队投降。

抵达澳大利亚之后,麦克阿瑟率参谋长萨瑟兰先将司令部设在布里斯班,后又前移至莫尔斯比港,旨在稳住莫尔斯比,与日军在欧文·斯坦尼山那边决战。西南太平洋盟军的陆军司令为布莱梅爵士,空军司令先为布雷特,后为肯尼(所辖空中力量后来改编为美国陆军第5航空队),海军司令为利里。后来隶属麦克阿瑟指挥的还有美国海军第3舰队。美国陆军部队先后有克鲁格的第6集团军、艾克尔伯格的第8集团军和巴克纳的第10集团军(后由史迪威指挥)。

经过1942年的中途岛战役和1943年的瓜达尔卡纳尔战役,盟军开始由战略防御转向战略进攻。中途岛战役之后,日军陈兵新几内亚,企图通过直接攻击而夺占米恩湾,通过侧翼运动而攻克莫尔斯比港。麦克阿瑟对此作有正确判断,并制定出相应的作战计划。

麦克阿瑟的1943年最后进攻计划,设想从瓜达卡纳尔和巴布亚同时发动进攻,保卫新几内亚东北部和所罗门群岛,集中力量收复拉包尔。盟军采用麦克阿瑟的越岛战术,基本实现上述作战计划。麦克阿瑟称越岛战术"这种战争方式的实际应用,就是避免以大量的伤亡进行正面的攻击,就是避开日军据点;切断补给线,使它们无所作为;就是孤立他们的军队,使他们在战场上饿死……这就是我调动部队与拟定作战计划的指导思想"。

 名将风采

1943年，共和党政客有意让麦克阿瑟成为1944年大选的总统候选人。但是，1944年某些州的预选表明麦克阿瑟得票并不多。因而，麦克阿瑟只好声明无意参加总统竞选。

1944年春夏，盟军已经攻克阿留申群岛、吉尔贝特群岛、所罗门群岛、新不列颠岛、新几内亚岛、马绍尔群岛、加罗林群岛和马里亚纳群岛等地。在此期间，麦克阿瑟与尼米兹就太平洋战争的战略问题发生重大分歧。前者主张先发起以新几内亚—哈尔马赫拉—棉兰老为轴心的战役，进而解放菲律宾；后者主张先夺取棉兰老空军基地，孤立吕宋，再进攻台湾和中国沿海，进而打击日本本土以缩短战争进程。二者分别得到陆军参谋长马歇尔和海军作战部长金的支持。最后，罗斯福表示支持前者。

菲律宾群岛战役是以麦克阿瑟所部盟军1944年9月的摩罗泰岛和帕劳群岛登陆作战为先导的。10月，盟军以登陆莱特岛开始从棉兰老岛到吕宋岛的跃进，并始终得到美国陆军航空队和美国海军第3舰队的支援。10月20日，麦克阿瑟率部在莱特岛登陆之后，在菲律宾总统的陪同下，在雨中发表了最震撼人心的演讲："菲律宾人民，我，美国陆军上将道格拉斯·麦克阿瑟回来了!"他语气深沉，眼角挂这泪光。他号召大家为了神圣的死者，为了子孙后代，继续战斗，夺取正义的胜利！

1944年12月，麦克阿瑟晋升为陆军五星上将（相当于其他国家的元帅）。1945年1月，盟军于10日开始在马尼拉以北的仁牙因湾登陆，29日在巴丹半岛登陆，夹击日军山下奉文部。直到3月，盟军才经激战而攻克马尼拉，占领巴丹半岛，收复科雷吉多尔。3月2日，麦克阿瑟乘坐鱼雷艇象征性地回到科雷吉多尔。

1945年4月，麦克阿瑟受命指挥太平洋地区所有美国陆军部队的作战行动。

1945年8月15日，日本宣布无条件投降，麦克阿瑟则被杜鲁门总统任命为驻日盟军最高司令，负责对日军事占领和日本的重建工作。9月2日，盟国在"密苏里号"军舰举行受降仪式，日本外相重光葵和参谋总长梅津美次郎代表日方签署投降书。麦克阿瑟出场代表盟国签字受降，中美英苏等盟国代表亦先后签字受降。麦克阿瑟在签字受降时，特意安排太平洋战

争初期即被日军俘虏的美国将军温赖特和英国将军珀西瓦尔站在身后的荣誉位置,然后动用五支笔签署英日两种文本的投降书。第一支笔写完"道格"即送给温赖特;第二支笔续写"拉斯"之后送给珀西瓦尔;第三支笔签完"麦克阿瑟"而后送交美国政府档案馆;第四支笔开始签署其职务和军衔,尔后送给西点军校;第五支笔是从军服口袋内掏出的粉红色小笔,签完其职务和军衔,尔后送给麦克阿瑟夫人。

朝鲜战争后的麦克阿瑟

1950年6月,朝鲜战争爆发之后,美国操纵联合国进行干涉。麦克阿瑟出任远东美军总司令和"联合国军"总司令,指挥侵朝战争。在美国第24步兵师被歼之后,麦克阿瑟组织指挥仁川登陆获得成功,进而指挥"联合国军"越过"三八"线,疯狂地向鸭绿江推进。1951年4月,麦克阿瑟因战争失利和所谓"未能全力支持美国和联合国的政策"而被解除一切职务。

朝鲜战争时期的麦克阿瑟(右)和杜鲁门

麦克阿瑟返回美国后曾在国会发表演讲,继续主张扩大侵略战争,对中国实行经济封锁,怂恿蒋介石反攻大陆等政策。美国国会亦曾举行麦克阿瑟听证会。1952年,麦克阿瑟企图获得共和党总统候选人提名,但未能成功。此后任兰德打字机公司董事长,著有回忆录《往事的回忆》。

1964年4月3日,麦克阿瑟在沃尔特·里德陆军医院因病死去。

上将总统——艾森豪威尔

二战前的艾森豪威尔

艾森豪威尔是格兰特总统之后第二位职业军人出身的总统。艾森豪威尔是一个充满戏剧性的传奇人物,曾获得很多个第一。美军历史上,共授予十名五星上将(相当于其他国家的元帅),艾森豪威尔晋升"第一快";出身"第一穷";他是美军统率最大战役行动的第一人;他是第一个担任北大西洋公约组织盟军最高统帅;他是美军退役高级将领担任哥伦比亚大学校长的第一人;他的前途"第一大"——唯一当上总统的五星上将。

1890年10月14日出生于美国得克萨斯州的丹尼森。1911年,艾森豪威尔考取美国海军学院,却因超龄而未被录取,后经该州参议员推荐,考入西点军校。艾森豪威尔1915年从西点军校毕业并获得少尉军衔。

由于当时正值一战,许多同学都去法国参战,他却被留在国内从

艾森豪威尔

事训练工作，赴得克萨斯州圣安东尼奥任职。1916年晋升为少校。他创办了美国陆军的第一所战车训练营。巴拿马地区司令康纳少将，看中了这位年青人的军事才华，便邀请他到巴拿马服役。在巴拿马服役的三年中，他受到了康纳的特殊栽培，军事知识和技能大为长进。后来，康纳又保送他进入陆军指挥参谋学院受训。艾森豪威尔学习认真，训练刻苦，于1926年以全校第一名的成绩毕业。随后又到陆军军事学院学习两年。1927—1928年，艾森豪威尔在陆军军事学院深造。1929年，艾森豪威尔赴陆军部助理部长办公室任职。

在艾森豪威尔的早期军事生涯中，有幸结识了潘兴和麦克阿瑟这两位美国陆军的名将。他对这两人极为崇拜并拼命追随，特别是对麦克阿瑟的追随竟长达六年之久。1933年，任陆军参谋长麦克阿瑟的助理。1935—1940年，担任菲律宾军事顾问麦克阿瑟的高级助理。1936年，艾森蒙威尔晋升为中校。

北非战场上的艾森豪威尔

1939年9月，德军入侵波兰，他不顾麦克阿瑟等人的劝阻和挽留，坚决要求回国。年底回国后，任美国西部军区司令部的后勤计划官。1940年2月调到驻加利福尼亚的第15步兵团任职，11月升任第3师参谋长。1941年3月，升任第9军参谋长。1941年6月出任第3集团军参谋长，就在25年前开始任少尉的地方晋升为准将。在集团军参谋长任内，艾森豪威尔成功地组织实施大规模军事演习，受到陆军参谋长马歇尔的重视。

1941年12月7日，日本偷袭珍珠港美军基地。8日，美国对日宣战。在珍珠港事件发生后第五天，马歇尔电召艾森豪威尔速回华盛顿。这固然与艾森豪威尔熟悉菲律宾和太平洋地区军事问题有关，但更主要的是他有丰富的参谋工作经验。他先任战争计划处副处长，不久计划处升格为作战厅，又被任命为作战厅长，几星期后便升为少将。这是他步入统帅部与马歇尔长期合作的开始。

这时的艾森豪威尔，虽然还没有资格参加那些有关同盟国战略问题的高层会议，但他却能站在最高统帅的角度，代表美国利益来指导全球性的

战略行动。艾森豪威尔注意到,当美国朝野的注意力都集中在太平洋战场的时候,罗斯福和马歇尔却把欧洲战场放在优先的地位。他赞同这种战略观点,在1942年3月就和作战厅的参谋们一起提出了如何进行战争的基本设想:把大量美军集中在英国,而且拒绝将他们化整为零地用在任何周边性的攻击之中,在欧洲上空应获得空中优势,然后从英国渡过海峡,直指法国和德国。对这一基本设想,英国人虽然原则上同意,但在许多具体问题上存在着分歧意见。5月,马歇尔又命令艾森豪威尔前往英国作实地考察,并在英国设立了一个美军指挥所,为日后实施计划提出建议。6月,他返回华盛顿提出考察报告《给欧洲战区司令的指令》之后,罗斯福总统接受马歇尔的意见,已经任命艾森豪威尔为驻伦敦的美军欧洲战区总司令了。7月,艾森豪威尔晋升为中将。

艾森豪威尔在指挥盟军进行北非、西西里岛和意大利作战中,在实现与盟国的合作中,都表现了卓越的军事、政治、外交才能,被誉为"军人政治家、外交家"。他坚定、果断、宽宏大量,对部属充分信任。布鲁克、蒙哥马利等人曾看不起艾森豪威尔,甚至时而发出一些尖刻的批评,他仍然宽宏大量,努力使英美合作成为现实。

1942年7月,鉴于北非英军及远东美军接连受挫和丘吉尔的极力支持,美英决定发动北非战役。8月,艾森豪威尔被任命为实施北非登陆的盟军最高司令。在这之前,他并未单独指挥过作战,然而他就任后的第一次重大使命却马到成功,英美联军在北非登陆进展顺利。这证明马歇尔慧眼独具。艾森豪威尔也因此名声大振。

1942年11月8日,艾森豪威尔率领美英联军十万人分三路在法属北

英国首相丘吉尔

非殖民地登陆。在强大的空军掩护之下，分别占领了阿尔及尔、奥兰和摩洛哥的卡萨布兰卡。接着向西挺进，对退入突尼斯的德意联军形成东西夹击之势。1943年1月，美国总统罗斯福来到北非，检阅了登陆美军，并于14日至26日与英国首相丘吉尔举行了卡萨布兰卡会议。2月，艾森豪威尔获得了当时的最高军衔上将军衔，出任北非和地中海盟军总司令。

艾森豪威尔曾不顾可能产生的政治批评，决定承认正在北非的法国维希政府海军上将达尔朗为该地区的法国最高统帅，从而避免了阻力，加速了盟军在北非的进展。1942年底，凯塞林隘道之战失利，他毫不动摇，及时采取措施，派巴顿将军接替了不称职的第2军军长费里登达。

1943年3月下旬，美英联军在艾森豪威尔的指挥下，对突尼斯南部发动总攻。经过二十余日的激战，将德意军队驱赶至突尼斯北部。4月20日决战开始，5月6日和7日两天，美英联军就突破敌人的防御，登上海岸，占领了突尼斯市。与此同时，在北部进攻的美军占领了比塞大。德意军队处于进退维谷的境地，他们无法撤退，于5月13日25万人全部投降。至此，在非洲的法西斯军队全部被肃清。

艾森豪威尔准备进攻西西里岛，并立即着手制定意大利战役的计划。他不顾参谋部成员的意见，认为首先必须让横在西西里和北非之间的班泰雷利亚岛上的驻军投降。6月上旬，约有300吨炸弹落在这个面积约为50平方千米的岛屿上，揭开了西西里岛战役的序幕。参加这次战役的有1000艘舰艇，登陆的人数是15万。为了可以靠近作战地点，艾森豪威尔于7月7日抵达马耳他。登陆战役的一切都已准备就绪，但天气突变，风大浪急，对海军、空军作战极为不利，许多参谋人员要求更改登陆日期。艾森豪威尔不为所动，坚持盟军按原计划行动。7月9日夜，蒙哥马利指挥的英国第8集团军和巴顿指挥的美国第7集团军开始登陆和空降。8月17日盟军攻克墨西拿，占领全岛，西西里战役至此结束。盟军伤亡失踪约2.3万人；德意军队伤亡3.2万人，13.5万人被俘，另有10万人撤退至意大利本土。

开辟欧洲第二战场

在1943年11月开始的德黑兰会议上，美国和英国再次明确表示1944

年开辟欧洲第二战场的决心,前苏联则希望尽快确定此次作战的盟军最高司令人选。艾森豪威尔在会后被任命为指挥"霸王"(即开辟欧洲第二战场)行动的盟军最高司令。

1944年1月中旬,艾森豪威尔抵达伦敦,组建盟国远征军最高司令部。经美英联合参谋长会议同意,艾森豪威尔任命特德为副司令,史密斯为参谋长,布莱德雷为美国地面部队司令,蒙哥马利为英国地面部队司令,拉姆齐为海军司令,利马洛里为空军司令。按照艾森豪威尔设计的体制,上述军种司令担负着双重角色:一方面,军种司令是最高司令部成员,参与最高司令部制订计划的工作;另一方面,军种司令是整个军事行动中指挥具体作战的司令,拥有各自的司令部。为了获得诺曼底地区的制空权,艾森豪威尔将在英国的战术与战略空军完全置于其控制之下。

他把首批登陆部队由三个师增加到五个师,其他细节交由蒙哥马利和布莱德雷去负责处理,自己则去关心他认为更为重要的问题。艾森豪威尔意识到,制空权的问题是至关重要的,也是最困难的问题。他要求英国的空军应在他的控制之下进行诺曼底之战。这个决定遭到英国战略空军司令哈里斯的反对,这使一贯处事谨慎,态度和蔼的艾森豪威尔大动肝火,他于3月23日宣布:"如果这个问题不能获得满意的解决,我将呈请辞职。"英国的参谋总长不得不同意把战略空军交由艾森豪威尔指挥。美国空军和其他有关国家的空军也都作了同样的安排。接着,他与法国人又达成了忍受损失的协议。这样,制空权的问题就被艾森豪威尔解决了。

早在1943年3月,盟军就在伦敦成立联合参谋机构,研究和拟制欧陆作战计划。艾森豪威尔在原有计划的基础上主持制订的"霸王"作战纲要包括:在诺

艾森豪威尔在视察101空降师

曼底海岸登陆并突破敌军的防御阵地；用两个集团军群实施宽大正面追击，重点是在左翼取得必需的港口，进逼德国边境并威胁鲁尔，右翼要同从南面进攻法国的兵力相连接；取得比利时、布列塔尼以及地中海的港口，以便沿着德国占领区的西界建立新的基地；按照两翼包围鲁尔的方式发动最后进攻，重点再次放在左翼，随后朝着当时决定的特定方向直接突入德国；攻击发起日定为1944年6月5日。与此同时，集中于英国的盟军加紧进行以两栖登陆作战为重点的协同作战演练，相当数量的登陆艇、特种坦克等逐步装备部队；空军频繁出动，以重创德国空军，掌握制空权，孤立突击地带；情报部门通过"超级"和"魔术"破译机构获取德军情报，气象部门则密切注视气候变化；开始制造人工港和防波堤，敷设通过海峡的输油管道，采取军事欺骗措施，使德国最高统帅部判断失误。"霸王"行动实施前夕，盟军在英国共集中兵力38个师（287万人），坦克5000余辆，舰艇9000余艘，飞机13000余架。

处于防御地位的伦德施泰特的德军西线部队（辖隆美尔的B集团军群和布拉斯科维茨的G集团军群）共59个师；施佩勒的空军第3航空队和克兰克指挥的西线海军集群，力量明显薄弱。令人费解的是，伦德施泰特和隆美尔颇受限制：无权向施佩勒或克兰克下达命令；未经最高统帅部批准，无权调动任何装甲军；战斗行动地域及防守沿海地区的所有陆军部队管辖的范围，纵深不得超过20英里。此外，伦德施泰特、隆美尔和最高统帅部之间在防御计划方面亦有较大分歧。

6月4日，在盟军作战会议上，艾森豪威尔根据气候形势的变化，果断地决定将攻击发起日改为6月6日。1944年6月6日凌晨，"霸王"作战开始实施。盟军的伞兵和空运部队首先开始在诺曼底着陆，接着是海空军进行炮击轰炸，6时30分，4000多艘战舰载运的五个师12万人在海空军的火力掩护和特种坦克的引导下向诺曼底海滩发起冲击，到深夜就取得了初战胜利，登陆成功。

滩头争夺战时期，盟军（蒙哥马利的第21集团军群，辖美国第1集团军和英国第2集团军）主要通过激战来巩固和扩大登陆场。7月，盟军在攻占瑟堡和冈城之后，登陆场扩大为正面宽100千米、纵深过50千米的地带。

7月25日至30日，美军的"眼镜蛇"战役实现了对德军防线的突破。8月1日，布莱德雷指挥的第12集团军群（辖美国第1集团军和第3集团军）组成，随后，美军横扫布列塔尼。盟军挫败莫尔坦反攻后，发现可在法莱斯形成对德军的包围圈。艾森豪威尔命令实施围歼德军的作战。自8月8日起，盟军通过机动兵力从北、西、南对法莱斯形成包围态势。至20日，德军被俘5万，死亡1万。诺曼底战役至此结束，德军损失约40万人，盟军损失约21万人。8月25日，盟军解放巴黎。

9月1日，艾森豪威尔将司令部移驻法国并从蒙哥马利手中正式接管地面部队的指挥权。在此前后，美军解放夏隆、兰斯、凡尔登等地，强渡马斯河，英军则解放亚眠、里尔和布鲁塞尔。艾森豪威尔决定盟军采取"宽大正面战略"，使德军首尾不能相顾而加速崩溃。4日，艾森豪威尔命令阿登以北部队必须占领安特卫普，突破齐格菲防线，然后夺取鲁尔区；阿登以南部队必须突破齐格菲防线，然后夺取法兰克福。英军攻克安特卫普后，盟军在齐格菲防线前受阻。12日，艾森豪威尔晋升为五星上将。

1944年12月16日，德军在阿登地区发动反攻（通称突出部战役），企图攻占列日和安特卫普，迫使美英同意和谈。德军从圣维特地区出发，向西攻至美国第1集团军的南部，最后进抵马斯河畔的迪兰特。与此同时，德军实施"格赖夫计划"，组成能讲英语的连队，换穿美军制服，突入美军防区制造混乱。17日，艾森豪威尔对形势作出正确判断并采取相应措施。19日，艾森豪威尔召开作战会议，决定：北侧盟军先取守势，待机转入进攻；南侧盟军则应尽早向北进攻。南侧盟军于22日发动进攻，迫使德军由进攻转入防御；北侧盟军直到次年1月才发起进攻。

1945年1月，盟军将德军赶过初始防线。在突出部战役中，盟军伤亡7.7万，德军伤亡12万。在突破齐格菲防线之后，盟军攻占萨尔，将德军赶过莱茵河，并抢占雷马根地区的鲁登道夫大桥，继而控制莱茵河东岸，对鲁尔实施两翼包围。4月18日，德国B集团军群（32万余人）投降。1945年3月，艾森豪威尔与蒙哥马利就盟军主要突击方向发生分歧，蒙哥马利主张向柏林快速突击，先于苏军攻占柏林；艾森豪威尔则认为主要突击方向为莱比锡和德累斯顿（考虑到苏军距柏林远比盟军近，雅尔塔会议规定柏林处于苏占区,必须争取苏联参加对日作战),因而据此通知苏联协调行动。5月2日,苏军攻克柏林。德国代表到驻法国兰斯的盟军司令部洽降。5月7日和8日,德国代表在兰斯和柏林签署德国无条件投降书。

艾森豪威尔战时的主要活动就是组织、协调并指挥盟军作战,而盟军联合作战是这场大战的显著特点。艾森豪威尔以其良好的军人素质、丰富的理论知识、高超的指挥艺术而获得成功。

第二次世界大战结束后,艾森豪威尔曾任美国驻德占领军司令。1945年回国,任美国陆军参谋长。1948年一度退出现役,任哥伦比亚大学校长。1950年,去法国任北约武装部队最高司令。1952年退出军界,参加总统竞选,以压倒多数当选。1953—1960年任美国总统。1969年3月28日,艾森豪威尔在华盛顿病逝,终年79岁。

苏联元帅朱可夫

朱可夫在蒙古战场

朱可夫,苏联元帅,伟大的军事家。他于1896年12月2日出生于卢加省斯特列尔科夫村。1915年8月7日,他参加帝俄军队,开始了戎马生涯。他的一生中,指挥过无数战役,其中最为著名的有同日军在蒙古战场的较量、与德军在欧洲东线战场的厮杀以及攻占柏林。

1938年底,他担任了白俄罗斯军区副司令。1939年6月1日,上任不久的朱可夫被匆匆召回莫斯科,并在几小时内派往蒙古战场。日本的

朱可夫

关东军正在哈勒欣—戈尔一带同苏军和蒙军作战,而且规模越来越大,战斗越来越激烈。朱可夫来到这里后发现苏联的军长们都呆在距前线75英里远的司令部里。朱可夫觉得更不能饶恕的是,他们根本没有作"很好的侦察"。

朱可夫一到就立即抓住苏蒙第一集团军,准备与日军打一场歼灭战。日军有两个满员的步兵师,还向前线增派了炮兵部队和航空部队。朱可夫则从大后方调来了增援部队,建立了给养充足的后勤基地。他一面准备发动一次强大攻势,一面又故意大张旗鼓地作防御部署,甚至还在前线发放了很多防御战术小册子。为了防止坦克在运动时发出声音,他把汽车上的消声器和减音器安装在坦克上。夜间行动时,他让苏军炮轰日军的后方,以掩盖坦克的声音。

朱可夫预料日本军队在四天后发起进攻,便于1939年8月20日提前发起进攻,先发制人。他把自己的部队分成北、中、南三路,并用了三天时间,调动坦克、担任攻击地面目标的飞机、机械化步兵、大炮和一个空降旅,完成了双层包围。这是第一次把空降兵当作步兵使用的尝试。结果苏军大胜,共歼灭日军5万人。

朱可夫(左)与蒙古人民军元帅巴乔山(右)在蒙古战场

朱可夫在哈勒欣—戈尔一带的大捷所产生的政治和战略影响远远超过蒙古国界。朱可夫在战术上集中了绝对优势兵力,在协同作战方面作了充分准备,在不影响战术灵活性的基础上,实行了集中指挥的原则。战斗中,他的坦克优势是 4 比 1,飞机优势是 2 比 1,步兵优势是 1.5 比 1。在后来的战争中,他很少违背集中优势兵力的原则,除非出现极端紧急情况。

朱可夫在取得了哈勒欣—戈尔战役大捷后,担任了基辅特别军区司令。1940 年,朱可夫擢升红军上将,在领导基辅军区的工作中胸有成竹,非常自信。1940 年 8 月,苏军恢复一长制领导,他仍不断为加强军事指挥员的权力、严明军纪和学习更多俄军军事领导艺术和传统作了不懈努力。

挽救苏军的"消防员"

1941 年 6 月 22 日,当德军突然席卷苏联领土,发动了世界史上最大的地面战役,并使苏联红军蒙受巨大损失时,正赶上朱可夫担任军队的领导。当时,朱可夫将军是总参谋长。

1941 年 7 月,当苏联红军在前线战斗中蒙受巨大损失时,朱可夫(他已于 6 月 23 日被派往西南战线)在与斯大林发生了一次剧烈争执后被免去了总参谋长的职务。当时,朱可夫直截了当地提出,要想使红军避免严重损失,必须从基辅撤军,斯大林对这个表示屈服的建议非常恼火,当场撤了他总参谋长的职务。不久,苏联的 50 万大军终归陷入德军的包围。在这次"灾难"之前,朱可夫已经洞察到德军的动机及其要害所在,德军的装甲部队将从苏军中央集团军右翼插入,从后方包围防御基辅的苏军。

9 月,斯大林派朱可夫到北线接替伏罗希洛夫。朱可夫到任后,并不能挽救整个西南战线的残局,但至少可以使列宁格勒免遭灭顶之

伏罗希洛夫

名将风采

灾。朱可夫紧紧抓住士气低落的防御部队和混乱的防线，制定了一个又一个复杂而又难以实行的作战计划。他要求苏军"不断发起反击"，并把所有部队集中在南部防区和西南防区，而不是采取伏罗希洛夫的那种分散兵力的办法。他命令第42军在有坚固防御工事的普尔科夫高地构筑最后一道防线。在不到一个月的时间里，朱可夫制服了一次最严重的危机，组织了有效的防御，提高了部队的士气，恢复了被严重破坏的纪律。

遵照斯大林的命令，朱可夫又被调到被打得七零八落的西线。1941年10月初，德军在西线围攻维亚兹玛和勃良斯克的战斗中，消灭了50万苏军。原西线总指挥科涅夫把失败的原因归为德军优势太大，机动力太强，进攻太突然。朱可夫根本不信这些，他认为有足够的时间做准备，有足够的兵力和武器装备进行防御，此时是10月底。月初时，这里有60万军队和无数辆坦克，现在只剩下9万军队和数量有限的坦克。朱可夫的任务是把这些兵力集中起来，构成一道防线。斯大林和苏军总司令部命令朱可夫担任西线总指挥，其任务是不惜一切代价，顶住德军进攻。任务是艰巨的，但它拯救了苏联的首都。

莫斯科保卫战从1941年10月中旬开始到12月6日结束。保卫战由朱可夫直接指挥。为了保证对部队实施强有力和不间断的领导，朱可夫一如既往，紧紧抓住各级指挥员，把他的前线指挥所设在危险的前沿阵地，同时还不间断地与斯大林、总指挥部、总参谋部、左右友军的前线和部队指挥保持联系。

德军未能突破朱可夫的防线，也未能包围并消灭苏军整师的兵力。朱可夫认为，德军未能攻进莫斯科的主要原因是：在组织部队进攻时出现错误，侧翼进攻力量太弱，缺乏协同作战部队，过分依赖坦克部队，没有集中兵力攻击苏军中路，所以朱可夫能够把部分后备部队用于加强苏军的侧翼防御。

苏军对德军的反击是从侧翼开始的。11月29日，朱可夫说服斯大林，德军已精疲力竭，可以考虑反攻了。斯大林把精心储备的两个军交给朱可夫，命令他仔细制定使用这支部队的计划。朱可夫决定不从正面反击，建议从侧翼反攻。一方面把德军牵制在中路，一方面从左右两翼反攻。朱可夫在反击前夕，再次向斯大林请求坦克部队增援，斯大林告诉他没有可供调动的坦克部队，但答应给他空军支援。12月5日和6日，朱可夫的部队从南、北两翼向德军发起反击，迫使德军撤退了。此后，苏军反击节节胜利，不断收复失去的阵地和领土，从而进入了反攻的过渡阶段。

苏军战争机器的"工程师"

1942年春天，南翼的苏军全部被击溃，通往斯大林格勒的道路被打通了，高加索和那里的油田失去了保护。1942年8月27日，斯大林把朱可夫从西线调回，向他透露了南翼的危险形势，并宣布朱可夫为最高副总指挥。这样，朱可夫由一个在前线出现紧急情况时才使用的"临时消防队员"变成了苏军战争机器的主要"工程师"。

几个小时后，朱可夫便动身到斯大林格勒去了，德军已经包围了这个城市，并在一次向伏尔加河穿插的军事行动中，把该城分割为两半。朱可夫第一件事是视察当地指挥员是否知己知彼。然后，他开始对斯大林格勒的北面和西北面发起进攻，以减轻斯大林格勒"北面部队"所受的压力。德军在前次穿插行动中把这支部队分割、包围了起来。9月3日的命令清楚地表明，这支防御部队处境危险。9月10日朱可夫确信不可能从北面突破。12日，他在总参谋长瓦西列夫斯基上将的陪同下回到莫斯科，向斯大林报告战情。朱可夫提出了解决斯大林格勒问题的"另一个方案"。他认为，在炮兵和坦克火力支援不够的情况下，在不利的地形上对敌人发起分散、零星攻击是无济于事的。只有采取"另一个方案"，即在南面组

朱可夫元帅在研究作战方案

织一次旨在改变整个形势的战略大反攻，才能解斯大林格勒之围。经初步估算，如此规模的大反攻需要四十五天的准备。

这次代号为"天王星"的反攻，是一次"三线"战役。首先，对德国在斯大林格勒的部队实行内圈包围，然后再进行外圈包围，以防敌人增援。第一步需要建立两个包围圈，第二步是消灭被围困之敌，并防止他们突围。另一线的部队，即西南线，要与上述两线的部署配合，其任务是向顿河以西进攻，打击斯大林格勒战区敌后方的敌军。整个反攻战的战线长达250英里，钳形攻势半径约60英里。战争形势迅速发生了变化。

朱可夫并没有能够目睹德军保罗斯第六集团军缴械投降的场面，也未能目睹斯大林格勒战役的最后胜利。因为他又一次被派到苏德前线的另一个战场，指挥突破德军对列宁格勒的包围。1943年1月18日，德军的包围圈被突破，列宁格勒的可怕困境得到缓解。

1943年1月19日，苏联《消息报》在宣布列宁格勒被解围的消息时还证实，朱可夫已升为苏军元帅。朱可夫升为元帅后，开始了苏德之间一次最大的战役，即1943年夏季的库尔斯克战役。南方大混战的结果，苏军未能收复东乌克兰。1943年3月底，苏军在库尔斯克的一个突出部受到德军在北部的奥廖尔和南部别尔哥罗德的夹击。

朱可夫晋升元帅的同时，苏军最高统帅部也建立了一支强大的防御力量，建立了有纵深梯队的防御系统和令人生畏的后备队。苏军的装甲部队和机械化部队已有五个坦克军。它们不但能打退任何穿插行动，还可以进行大规模反击。后备队是苏军有史以来最大的战略后备队，在突出部，大炮团的数量第一次超过了步兵团。苏军中路以及沃罗涅日一线部队设有大面积雷区，装备了数目惊人的大炮、反坦克武器，并设置了纵深防御工事，部队将分别守住突出部的北面和南面。按照斯大林的命令，朱可夫指挥中路、勃良斯克和西线的部队，瓦西列夫斯基指挥沃罗涅日一线的部队。5月初，当朱可夫巡视了高加索前线回到莫斯科时，苏军情报证实，德军正在突出部的两翼运动。这一情况与朱可夫在4月的估计粗吻合。他劝阻斯大林放弃先发制人的作战方案。斯大林及其总司令部在5月和6月以及7月初，一直都焦虑不安。7月4日下午，代号为"堡垒"的战役终于打响了。

经过五天大规模激战，德军从北面向中线突击的势头被迫停了下来，并陷入了苏军坚固的包围之中。南面的战斗胜负难分。7月11日，双方都准备在普罗科霍洛夫卡进行一场坦克大战。德军第四坦克军在设法突破包围，朱可夫和瓦西列夫斯基都同意派第五坦克军和从斯特皮前线调来的科涅失的第五步兵军前去增援。7月12日黄昏时分，德军第四坦克军从这个坦克对抗战地区撤走了，300辆坦克被击毁，1万人被歼灭，战斗结束了，德军无法从南面突破苏军的防线。7月16日，德军朝着别尔哥罗德方向撤退了。

朱可夫在勘察战场

库尔斯克大战使德军心惊胆战。朱可夫把它称为"苏德大战"。他在这次大战中的作用，不论在筹划阶段，还是在准备和实施阶段，都极其重要。库尔斯克之战，使德军在东线争取僵持局面的希望成了泡影，失去了取胜的任何希望。从此，战略主动权不可挽回地转到了苏军一边，自此之后，德军只能败退。朱可夫使苏军大显神威。接着，朱可夫摆出了一副要全歼德军南方集团军群的架势。

打到柏林去

1943年10月，德军在第聂伯河一线挡住苏军的希望全部破灭。那时，苏军早已逼近河岸，并开始过河。1943年11月21日，苏军夺回了基辅。

接着，苏军开始计划消灭另一支更大的德军，即驻守在白俄罗斯的中央集团军群。巴格拉基昂战役于苏德宣战三周年那天打响。苏军出动了超过德军数倍的强大兵力。不过，德军也做了充分的防御准备，并且纵深大，

◆◆◆◆ 名将风采

地形有利，易守难攻。朱可夫便巧妙地利用沼泽地和树木茂密的地区向敌人出击。6月初，他仍在不断检查最高统帅部的作战计划与前线的作战计划是否相吻合，检查侦察结果，向各兵种的指挥员介绍情况，仔细勘察地形，摸清敌人的防御阵地。他还特别注意后勤供应问题，要求既保密又要保证这次大规模作战的需要。

6月23日至24日，苏军开始向德军中央集团军群发起进攻。6月29日，罗科索夫斯基指挥的白俄罗斯第一方面军攻占了博布鲁伊斯克，并包围了德军的两个坦克军。这样，苏军穿插到德军阵地的纵深有70英里，其正面为120英里，这时，朱可夫任总指挥。

7月8日，朱可夫飞回莫斯科同斯大林议事。谈话中，斯大林对第二方面军在西欧的战绩表示满意。

7月下半月，苏军的进攻击溃了德军中央集团军群，把德军的前线打开了一个宽250英里，纵深300英里的缺口。8月初，罗科索夫斯基的部队赶到并渡过了维斯杜拉河。科涅夫的乌克兰第一方面军遇到了顽强抵抗，进展缓慢。斯大林命令乌克兰第一方面军在进军维斯杜拉河之前占领利沃夫。他说："你（指朱可夫）和科涅夫都急于赶到维斯杜拉河。河是跑不掉的。"7月27日，苏军占领利沃夫，然后，科涅夫命令他的部队全速向维斯杜拉河前进。苏军在河西岸抢夺了桑多米埃什的一个重要桥头堡。同一天，即7月29日，朱可夫被授予第二枚"苏联英雄"金星勋章，以表彰他在解放白俄罗斯和乌克兰西部所起的作用。

随后，朱可夫在斯大林的指示下开始大举向希特勒的首府柏林进攻。德军节节败退，朱可夫则步步为营，向柏林进军。1945年5月2日下午，柏林的警备部队最终缴械投降，对柏林的猛烈进攻结束了，朱可夫完成了任务。他攻占希特勒首府的名誉成了众所周知的历史。

战后，驻德苏军部队统编为苏驻德占领军集群，朱可夫出任总司令兼苏联军管局总指挥。1946年4月，朱可夫调离柏林，回莫斯科担任苏武装力量部副部长兼陆军总司令。1953年3月改任苏联国防部第一副部长，1955年2月升任苏联国防部部长，直到1958年3月正式退休。1974年，这位战功卓著的元帅溘然长逝。

著名特种部队

美国特种部队

美国陆军特种部队

美国陆军特种作战司令部设在北卡罗来纳州的布雷格堡。20世纪90年代,美国陆军特种部队拥有作战部队近2.9万人,其中现役1.47万人,后备役1.43万人。它主要由绿色贝雷帽部队、蓝光突击队、别动团、"三角洲"部队、心理战部队和民事部队组成。

"绿色贝雷帽"部队在美陆军中是一支独特的部队,也是最有名的美国特种作战部队。它由第1、3、5、7、10共五个特种作战大队组成,每个特种作战大队编制1400人,下辖三个营。

第1特种作战大队驻刘易斯堡,负责亚太地区;第3特种作战大队负责非洲;第5特种作战大队驻布雷格堡,负责中东和北非;第7特种作战大队驻布雷格堡,负责中美洲和南美洲;第10特种作战大队驻德文斯堡,负责欧洲。特种后备队有四个特种作战大队。此外,第7特种作战大队第3营驻巴拿马运河区,第10特种作战大队第1营驻德国巴特特尔茨,第1特种作战大队第1营驻冲绳。

特种作战的最小行动单位是特种战斗小组,每组12人,组长为上尉衔,副组长为中尉衔,其他成员有担任作战任务的士官2人、担任维修和技术任务的士官2人、担任医疗任务的士官2人、配备重火器的士官和轻武器的士官各1人、担任通讯任务的士官2人。

"绿色贝雷帽"部队的绿色贝雷帽,是队员们勇敢地克服种种困难、执行艰苦任务的象征。但因绿色贝雷帽也是英国突击队戴用的军帽,美陆军的高级将领对这个不同一般的帽子并不中意,曾一度停用。然而,对特种部队表现出异常关心和全面支持的肯尼迪总统认为,这种帽子用于特种部队十分相称,并指示队员们要自豪地戴上

"绿色贝雷帽"的士兵

它。因此,美国特种作战部队又重新采用了贝雷帽,并成了美军特种部队的象征。与此同时,他们还继续延用1942年经国防部长批准使用的一支箭和短剑交叉在一起的徽章,把它佩戴在帽子上方。

1963年11月,肯尼迪总统在得克萨斯州达拉斯遭暗杀后,其遗体在华盛顿阿林顿公墓安葬时,"绿色贝雷帽"部队的代表作为仪仗队参加了葬礼。当安葬仪式快要结束时,弗朗希斯·拉迪上士满面悲痛地摘下自己的贝雷帽,放在美军最高司令官、已故总统肯尼迪的坟墓上。总统因热爱特种部队而把绿色贝雷帽授予特种部队,如今,特种部队的将士又将它献给了总统。这顶绿色贝雷帽至今仍同陆、海、空军军帽一起,静静地安放在阿林顿公墓肯尼迪总统的墓中。

美国另外一支赫赫有名的陆军特种部队就是第75别动团。别动团又称"第75游击骑兵团"。该团主要担负在敌国领土作战的任务,袭击、破坏敌人的核生化武器及纵深战役的指挥通信设施等。该团由团部和直属连以及

三个营组成，每营660人。第1营驻华盛顿州刘易斯堡，第2营驻斯图尔特堡，第3营及团部驻佐治亚州贝宁堡。每营均包括三个步枪连及一个营部连，每个步枪连包括一个连部排、三个步枪排和一个武器排。三个营轮流担任别动队战备值班部队，能在18小时内出动。

第75别动团的标志包括他们的黑色贝雷帽与飘带状臂章。他们的队徽左上角是国民革命军"青天白日"徽章，右下角是一枚"缅甸之星"，旨在纪念第二次世界大战期间第75别动团的前身5307混合支队与当时国民革命军新一军在缅甸战区的作战经历。中央红色闪电象征游骑兵善于的突击作战。红白蓝绿四色代表5307四个数字。

1943年，盟国决定组建一支地面部队，作为在缅甸作战的中国军队的先头部队。根据这一代号为"圆桌武士"的计划，美国组建了一支有2900人的特种部队。这支部队由法兰克·麦瑞尔准将指挥，因而又被称作"麦瑞尔突击队"（简称麦支队）。

麦支队在印度接受了两个月的游击战和丛林战训练后，于1943年3月进入缅北战区，任务是潜入日军后方，切断敌军的供应及交通线。由于要与中国军队在缅甸战区联合作战，因此麦支队队徽上加上了当时中国军队的青天白日军徽。

在一年多的时间里，麦支队参与了大小三十几次战役，遇到过不少险情，但大都在中国友军的支援下化险为夷。二战结束后，战功卓著的麦支队被改编为美军第75步兵团，成为美军的一支王牌部队。1973年，美军决定建立一支快速反应部队，以应付世界各地可能发生的危机。当时，美国陆军对各国的特种作战战例进行了详细地研究，结果发现，麦支队在二战时期与中国军队并肩作战的战例最有典范性。因此，美陆军参谋长下令在第75步兵团基础上组建游骑兵部队，当年麦支队

第75别动团的徽章

的青天白日徽章也一并保留下来，以纪念那段历史。美军游骑兵部队还将当年与中国军队联合作战中的经验作为座右铭：协同作战、以少胜多、先锋作用。

"三角洲部队"、蓝光突击队、第160特种作战航空团、民事部队和心理战部队也都是美国陆军中的佼佼者。

海军和空军特种作战部队

美国海军特种作战司令部设在加利福尼亚州科罗纳多海军基地。拥有现役部队4000人，后备役1500人，共计5500人。

美国海军特种作战任务主要是在敌国海域和内河进行特殊作战，破坏其沿岸的重要军事目标，实施两栖破坏和水下爆破、为己方部队搜集情报，观测炮弹的弹着点等。偶尔，他们自己也对敌人阵地发起突然袭击。海军特种作战部队的花名是"海豹"部队。

海军特种部队编有两个现役特种作战大队，分属大西洋舰队和太平洋舰队。第1海军特种作战大队驻加利福尼亚州科罗纳多，下辖第1、3、5

战斗中的"海豹"队员

"海豹"队和若干个特种舟艇中队和侦察运送组。第2海军特种作战大队驻弗吉尼亚州小克里克，下辖第2、4"海豹"队和第6行政控制分队，直接归大西洋司令部控制。每个"海豹"队拥有175人。入侵格林纳达时，"海豹"队用于侦察和渗透。除上述海豹队外，海军还有两个海豹特别舟艇分队和三个特种作战分队。

海豹队是一支水中突击队。队员在潜水服上安有水中呼吸器，或从水下到敌舰船停泊处进行侦察，或排除和爆破水中障碍物。有时，他们也登陆破坏敌方通讯站和电厂等。

美国空军特种作战司令部设在佛罗里达州的赫尔伯特空军基地。空军有现役特种作战部队6300人，后备役1800人，共计8100人。该作战部队主要由特种作战联队和特种作战大队组成，装备70架各型作战飞机和运输机，50架直升机。其主要任务是进行敌后侦察，为决策者提供准确可靠的情报；向敌后方运送陆、海军特种作战部队，并向其提供有效的空中火力支援；迅速夺取制空权，选择和准备登陆场、机降地区；完成敌后任务后负责供给和后送；搜索和营救在敌后失事的机组人员等。美国空军特种部队主要由特种作战联队、第1720特种作战大队和特种作战任务试验与鉴定中心。

空军特种作战司令部下辖三个特种作战联队，即第1、39、353联队。第1特种作战联队驻佛罗里达州赫尔伯特机场，下辖第8、9、16、20和55等五个特种作战中队。第39特种作战联队驻德国莱茵——美因空军基地，下辖第7、21、67等三个中队。第353特种作战联队原驻菲律宾克拉克空军基地，下辖第1和第17两个中队。特种作战联队主要装备MC、HC和AC型130飞机及MH—53J、M—60G型飞机等。其主要任务是负责对中央总部、大西洋总部和南方总部的特种作战提供空中支援以及向部署在欧洲和太平洋地区的特种作战联队提供增援部队。

第1720特种作战大队所属分队分别驻扎在美国、欧洲和亚太地区的一些国家。其主要任务是负责空降区的空中行动以及特种作战的空中支援。

特种作战任务试验与鉴定中心则主要负责培训空军特种作战人员以及从事特种作战部队的作战理论研究。

著名特种部队

此外，空军特种作战司令部还拥有两个后备役大队，即第193特种作战大队和第919特种作战大队，装备有EC—130E、AC—130A等飞机。

英国特种部队

硝烟中诞生的特种部队

英国特种部队的别称是"哥曼德"。为什么要叫这个名称呢？原来在1899年到1902年非洲爆发的布尔战争期间，骁勇骠悍的哥曼德部落，神出鬼没的游击战曾使25万大英帝国的正规部队顾此失彼，大伤脑筋。所以，英国在成立特种作战部队时，专门起用了"哥曼德"作为特种作战部队的名称。

"哥曼德"的历史可以追溯到第二次世界大战期间。1940年6月6日，英军招架不住德军的猛烈进攻，被迫从法国的敦刻尔克撤回本土。回撤途中，溃不成军的英军虽然多数人活着回到英国本土，但几乎所有的装备被遗弃。曾不可一世的大英帝国蒙受了开国以来从未有过的耻辱。民族自尊心受到严重的挫伤。为了挽回败局，鼓舞全国军民的抗德信心，英国战时内阁认识到，唯一能够重创敌人的方法就是以一连串的突袭行动，来偷袭挪威西海岸的纳尔维克至法国的比利牛斯山脉一线的德军阵地。于是，他们想起了四十年前，在非洲大陆使他们饱尝苦头的"哥曼德"人。英国首先编成了十支"突袭部队"，取名为"哥曼德"。每支部队辖两个小队，每小队由3名军官、47名不同级别的士兵组成。

1940年6月23日深夜，由托德少校指挥的第11独立中队所属的120名队员，突然袭击了法国北部多佛尔海峡沿岸的布伦和贝尔克两个城市，打响了"哥曼德"成立后的首次战斗。接着，"哥曼德"部队于同年7月14日又打响了第二次战斗，袭击了位于法国瑟堡以西、英吉利海峡内的格恩济岛。在此以后，"哥曼德"部队转战意大利、法国，在敌人后方设立了据点。他们还在比利时、荷兰，神出鬼没、出其不意地对敌发起进攻，立下了无数战功。

"哥曼德"部队在二战最后几年里,从西西里到缅甸,从诺曼底登陆到横越莱茵河作战,他们几乎无所不在。他们那种视死如归、英勇顽强的作战方式和战斗精神,不仅在当时赢得了世人的敬佩,也成为战后世界各国精锐部队,尤其是特种部队效仿的楷模。

"哥曼德"队员在训练拆装枪械

在同一时期,英国于1941年7月在埃及成立了名叫特别航空勤务的特种部队。这支部队当时由苏格兰近卫团的斯大里格中校等6名年轻精悍的军官和60名士兵组成。他们的主要任务是积极开展游击战,干扰纳粹德国的后方。他们在北非、地中海一带,仅以少数兵力对德军的港口、机场、物资弹药仓库和交通运输线展开了频繁的、不间断的袭击,使德军终日惶惶不安。1942年10月,英军成立了第1特种空勤团,1944年1月又成立了特种空勤旅,辖五个特种空勤团。

他们携带轻装备从空中悄悄地降落在敌人后方,在没有坦克和重火器支援的情况下,与优势敌人作战,不到一年半的时间就取得了惊人的显赫战果,成功地炸毁了德国空军的250架飞机和数十个弹药仓库。从而,他们以"红色恶魔"的称号威震四方。

第二次世界大战期间，英国还组建了其他一些特种部队，如"沙漠鼠"特种部队、"亲迪队"、"空降哥曼德"部队等。其中，"沙漠鼠"部队在非洲沙漠上神出鬼没地活动达三年之久。由于沙漠上缺乏水源，他们终年不刮胡子，满脸的胡须成了其队员的特征。"亲迪队"成立于1943年。当时，温盖特准将把第77步兵旅分成七个队，每队编400名官兵，配100头骡马，并仿效传说中的宝塔的守护者——狮子和大猩猩的名字，取名为"亲迪队"。这一年，"亲迪队"在缅北对日军发起了两次进攻。他们长期活跃在森林中，神出鬼没地打击敌人，使日军大伤脑筋。

千锤百炼、威震四方

第二次世界大战后，英国特种部队发生了很大变化，大多数部队合并到正规部队或被解散。但是，"哥曼德"头上的绿色贝雷帽代表着英军的高效率与勇猛骠悍，手中的武器闪烁着冷酷的寒光。而且重视特种作战的思想，已深深地扎根于英军之中。战后不久，英军特种部队建设就走上了正轨，1950年成立了第21特别空勤团。随后又于1951年又成立了第22特别空勤团。为了围剿隐蔽在热带丛林里的8000名马来西亚游击队员，这两支部队在马来西亚进行了十二年作战。他们在莽莽林海，在深山峡谷与马来西亚游击队周旋，屡建奇功，出尽了风头。

英特种空勤团结束在马来西亚的作战后，被派到阿拉伯的阿曼作战。他们一到阿曼，迅速采取行动，将反英起义的部队镇压了下去。此后，英特种部队先后在印度尼西亚的婆罗洲、北也门、阿曼的卢巴托等地作过战，取得了辉煌的胜利。由

"哥曼德"特别空勤团队员

于"哥曼德"声名远扬，世界许多国家都曾要求帮助他们训练特种部队或协助消灭恐怖分子。从1983年开始，英特种部队为阿曼训练了由当地1000名士兵组成的特种部队；1977年德国一家航空公司客机被劫，德国边防军第9纵队就是在两名英国"哥曼德"突击队员的协助下成功地解救出被劫持的人质；1982年在英国伦敦大使馆人质事件中，英空勤团突击小组，以迅雷不及掩耳之势，破窗而入，击毙了暴徒，救出了人质；在同年的马岛战争中，特别空勤团和特别舟艇队参与了作战的全过程，为英军大获全胜立下了赫赫战功。

英国特种部队威震四方，广为人知，其重要原因是他们研制了最新的武器，有十分过硬的技术和本领。新式武器如"特殊爆炸装置"，能从外面炸开飞机机舱的门；"特殊闪光手榴弹"，能发出刺眼的闪光和震耳的轰鸣，使恐怖分子在6秒钟内丧失作战能力等等。

"哥曼德"队员都是从英军中挑选出来的精英，然后接受异常艰苦的训练。一名特种部队队员通过各种训练，并全部合格后，才被授予特种部队象征的贝雷帽和徽章。因此，每一名英国特种部队队员都能掌握爆破、开锁、敌后破袭、徒手格斗、攀山越野、滑雪、潜水、无线电通讯和跳伞等技能，能在建筑物及火车、飞机等交通工具中解救人质，能完成各种条件下的作战。

目前，英国特种部队中比较著名的有：陆军特别空勤团部队、海军特种突击旅及旅直特种巡逻队、"哥曼奇"分队。

陆军特别空勤团部队由第21、22和23三个团构成，每个团600人至700人不等。其中第21和第23团属国防义勇军。这支部队是英国最有名的特种部队，他们主要担负对付反政府活动以及从事谍报活动等任务，其基地设在伦敦西面的赫里福德。为对付恐怖分子，英国将其部分部队部署在伦敦的希斯鲁机场。队员的平均年龄为25岁左右。他们士气高昂，徽章上有"勇者必胜"的字样。

英国海军陆战队有三个"哥曼德"特种突击旅，分别为第40、42和45突击旅。在马岛战争中，专门派出的特别舟艇队就来自海军特种突击旅。为了提高突击旅的作战（侦察）能力，英军于上世纪90年代初成立了旅直特种巡逻队。

英军组建旅直特种巡逻队的想法始于1982年的英阿马岛战争，正式确定组建是在1991年英国参加伊拉克北部军事行动之后。那时，英国海军陆战队根据战区情况需要创建了一支远距离侦察先遣队，前往伊拉克北部的库尔德人地区侦察伊军阵地并为英空军的"美洲虎"攻击机提供激光指示目标，这样旅直特种巡逻队便应运而生了。

新组建的旅直特种巡逻队由四个分队组成，每个分队有6名士官和2名军官。旅直特种巡逻队的职能与已有的海军陆战队海上特勤队并不重叠，海上特勤队主要遂行战略性任务，主要活动于海上，而旅直特种巡逻队主要遂行战术性特种侦察任务。

英国皇家海军陆战队的"哥曼奇"分队是一支高度保密的特种作战部队，直到1991年5月才首次在苏格兰露面。

"哥曼奇"分队主要负责保护英国核武库。它组建于1980年，成员350人，由皇家海军陆战队的"哥曼德"第40、42和45特种突击旅中精心挑选而来。但"哥曼奇"分队并不是"哥曼德"的下属部队。

"哥曼奇"分队的主要任务是保护英国海军的"北极星"级和"三叉戟"级核潜艇及其携带的核弹道导弹。同时，它还负责看管皇家空军的核武器和陆军的"长矛"核导弹弹头以及155毫米M109核炮弹。

"哥曼奇"分队训练十分严格，是目前皇家海军陆战队中仅有的一支二十四小时处于戒备状态的部队。

俄罗斯特种部队

"隐身"的特种部队

俄罗斯陆、海军均编有特种作战部队。陆军各军区有一个特种作战旅，每个合成集团军或坦克集团军都编有一个特种作战连。海军舰队也各自编有特种作战部队。

陆军特种作战部队隐藏在俄陆军空降部队中。他们身着同空降兵一样的制服，乍看起来，没有任何区别，但与空降兵没有任何关系。他们的任务虽与空降突击部队有些相似，但他们是从飞机上伞降到敌后去活动的。同时，与普通的空降兵也不同，他们没有重型装备，行动则更为隐蔽。特种作战部队主要用来在敌后进行侦察、暗杀军政要员、摧毁敌人的司令部、指挥所、交通枢纽和核武器等。

俄罗斯陆军特种部队又有特种作战连和特种作战旅之分。每个诸兵种合成集团军或坦克集团军都有一个特种作战连，编制115人，其中军官9人，准尉11人，士兵95人。这种连一般在敌后100至500千米之间的地域内活动；它由一个连部，三个伞兵排、一个通讯排和一个支援排组成。在敌后实施破坏活动时，既可以连为单位，亦可化整为零，最多可以编成十五个特种作战小组。特种连通信排可以在1000千米的距离内与所有的小组建立和保持通信联络。

俄罗斯特种部队在进行野外训练

特种作战连一般是在集团军开始推进的前夜，在敌人的防空部队和其他部队受到最大压力的时候，进行空投的。随后他们在该集团军的先头部队之前采取行动。

俄陆军每个方面军均有一个特种作战旅，下辖一个旅部直属连、三至四个伞兵营、一个通信连和一个支援队，编制1000至1300人。此外，每个方面军所属各个集团军的特种作战连，平时合为一个特种作战营，战时编入特种作战旅内，因此，特种作战旅平时实际上有四至五个特种作战营。在战时，这个营仍将分为连，回到各自的集团军里面去。

特种作战旅与前述的特种作战连完全一样，在敌后500至1000千米的地域内活动。旅在执行任务时通常化整为零，每个营最多可以编成45个特种作战小组，所以3个营最多可以编成135个小组，4个营最多可以编成180个小组。但在必要时，一个特种作战旅也可以全部出动对付同一个目标，例如核潜艇基地、军师司令部甚至一个国家的首都。

特种作战旅具有强大的战斗力，它是俄对敌国的重要威胁集团。它使俄国能够灵活地在其本土周边及更远的地区进行各种各样的特种作战。早在1968年苏联入侵捷克斯洛伐克期间，特战旅就在布拉格出尽了风头。1979年，他们在克格勃第8部的配合下，在喀布尔采取了行动。在1995年攻占车臣总统府的作战中，特战旅再建奇功。

特别值得注意的是特种作战旅的旅部直属连。它既不同于特种作战营，也不同于一般的连，全由职业军人组成，约有70至80人。该连是特种作战旅的一个重要组成部分，保持着最高战备状态。该连唯一任务是追踪和暗杀敌方军政领导人，因此，它是唯一接触谍报人员的连队。平时，这个连的成员大都隐藏在军区体工队里面，从事拳击、摔跤、空手道、射击、赛跑、滑雪、跳伞等项目的训练。作为体工队的人员，他们可以出国旅行，去访问那些将来需要他们去战斗的地方。

除此之外，每个战略司令部都有一个从事特种作战的远程侦察团。最精锐的一个团在莫斯科军区。特种团辖六—七个破坏连，人员约700～800名。该团成员经常出国，打的则是俄参加奥林匹克运动会代表团的旗号。

特种作战部队在作战时，特种部队士兵都携带标准数量的武器：一支"卡拉什尼科夫"式冲锋枪，300发子弹，一支P6型无声手枪，一把匕首，6枚手榴弹或一具轻型榴弹发射器，以及食品和急救包。每个破坏小组装备一部带有加密和收发装置的R—350M电台。根据实际受领的任务，该小组可能装备SA—7"箭—2"型便携式地对空导弹、定向地雷和炸药。特种部队未装备重武器，但在敌后作战时，破坏小组可能夺取敌坦克、装甲输送车或其他车辆，这时，他们甚至可能身穿敌军制服。

俄罗斯海军特种作战部队的独立作战单位是特种作战旅。特战旅下辖一个微型潜艇大队，两至三个蛙人大队、一个特种作战大队（伞兵大队）、一个通信中队和一个支援队。它是一支完全能够独立作战的部队，是舰队下面的一个独立兵种。为了掩蔽身份，这个旅的成员有时穿海军陆战队的制服，有时又穿别种制服。伞兵穿海军航空兵制服，微型潜艇的艇员穿一般潜艇艇员的制服，其余的人则穿海勤人员、海岸炮兵等等人员的制服。

海军的这些特种作战旅，和方面军的特种作战旅一样，也各有一个由专门人员组成的旅部直属连，其主要任务是暗杀敌方军政要员。这些连伪装成为海军体工队。"运动员"们除了擅长射击、拳击、摔跤、赛跑和空手道以外，还擅长划船、游泳和潜水。如原黑海舰队特种作战旅的瓦连京·叶里卡林上尉就曾在墨西哥城的奥运会上获得划船比赛的银牌，当时他并没有掩饰他是俄海军的一名军官，而且是军队中央体育俱乐部的成员。几年后，这个"运动员"以外交官的身份出现在伊斯坦布尔，被土耳其警察当局逮捕，因为他企图收买一个土耳其人为黑海舰队的特种作战旅效劳。

特种部队的应用

在战争中大规模投入特种部队之前，俄军通常先派特种作战小组渗入敌方领土。他们在进入某个国家时，装扮成旅游团、代表团和体育队，或者是海员、飞机乘客和卡车司机。此外，在战争爆发前，特种部队的骨干以技术人员、卫兵、园丁、司机等身份被派往俄驻各国大使馆和领事馆。开战前夕，特种部队以各种借口和掩护身份在中立国集结，战斗打响后渗入敌方领土。

特种部队最复杂的任务是搜索目标。事先已掌握精确位置的目标，将由导弹和飞机予以摧毁。特种部队则负责那些只知道大概位置的目标。在实施搜索时，若与敌遭遇，特种部队通常不与敌纠缠，而是疏散，然后到预定地点集合。一旦发现目标，即与集团军或方面军司令部进行通信联络，报告目标坐标，由导弹或飞机实施打击。尔后，各小组迅速撤离该地区，以免误伤。

在某些情况下，特种部队独自摧毁目标。这些情况包括：无法与指挥基地建立通信联络时；受领的任务是消灭某个目标、某个人或夺取文件时；敌导弹已准备发射时。在最后一种情况下，即使寡不敌众也要发起进攻，

著名特种部队

哪怕明知是以卵击石也在所不惜。突然袭击即使不成功，可以促使敌军取消或推迟发射，以便重新检查所有的系统和装备。发现导弹已作好发射准备后，一个或几个小组使用狙击枪或榴弹发射器在远处予以摧毁。如果不成功，将从不同方向发起强攻。通常一个小组从一个方向猛烈开火，从而把注意力吸引到自己身上，与此同时，其他小组悄悄地接近目标。

俄罗斯特种部队在与恐怖分子进行战斗

特种部队具有相当的独立性。在敌后时，破坏分队指挥员一般享有独立指挥权。特种部队空降到重要目标的地区后，便独立作战。集团军、方面军甚至更高一级司令部只有在发现了更重要的目标，或者必须让破坏分队撤出某一地区，比如在发起核打击之前，才插手指挥破坏分队的作战行动。

俄一直极力掩盖其特种部队的实力、编成、职能、部署乃至其存在。特种部队多数身穿空降兵制服，虽然他们与空降兵没有关系。空中突击部队也身穿同样的制服。因此，很难区分这三个兵种。而且，俄没有一支特种部队单独驻扎，他们通常与空降兵或空中突击部队同住一个营区。海军特种部队则与海军陆战队部署在一起。特种部队若驻在其他兵种附近，便穿该兵种的服装。特种部队谍报分队部署在导弹基地、劳改营以及核武器贮存设施周围。与其他部队同住一个营区时，特种部队有戒备森严的独立院落，禁止特种部队人员与其他部队的人员接触。

以色列特种部队

"野小子"部队

1994年5月21日，清晨。黎巴嫩，万籁俱寂。

突然，一阵轰鸣声撕破了黎巴嫩山区的寂静。一队从地中海风景名城比布鲁斯飞来的直升机越过黎巴嫩东部山区正向叙利亚前线飞去。在距离叙利亚前线10千米的纳巴堡村附近，40名突击队员迅速地从直升机里鱼贯而出。这些脸上涂着黑色迷彩，身着迷彩服，手持消声武器的"天兵"，在地面谍报人员的接应下，分乘数辆随机运来的四轮越野车，风驰电掣般地向一个穆斯林民兵控制的村庄急驶而去。在村外的树林里，突击队员悄无声息地下了车，敏捷地向穆斯塔法·迪拉尼的住所猛扑过去。此时，穆斯塔法·迪拉尼正沉浸在甜美的睡梦中。当他还没反应过来，即被抓获。

这仅是以色列特种部队众多突击作战中的一个片断。以色列采取这次突袭活动，是想用迪拉尼交换阿拉德上尉和其他6名被黎巴嫩游击队关押的以军士兵。原来，迪拉尼化名阿布·阿里，是黎巴嫩"真主党"的头目。以色列政府认为，是他将1986年被俘的以军飞行员罗息·阿拉德上尉交给了伊朗革命卫队，并换取了30万美元。

以色列一直将特种作战视为达到军事和政治目的的重要作战方式。其特种部队规模虽小，但编制精干，训练有素，装备精良。队员均由经过严格训练的士兵和青年军官组成，个个武艺超群。他们既有小分队作战的经验，又具备同海、空军协同进行大规模作战的能力。因此，特种部队是以色列国防军的精华。这支部队的信条是，在任何时候，任何地点，以武力

著名特种部队

以色列"野小子"部队

行动维护以色列的国家利益。

同以军常规作战单位（旅）不同，以色列特种部队的最大独立战斗单位是大队。一般情况下，每个这样的大队由司令部、三个作战中队、若干技术小组（爆破小组、专用汽车小组、维修组、情报分析组、潜水小组）及通讯、训练、战勤保障和直升飞机中队组成。整个以军特种部队由上述若干突击大队组成。

实际上，以色列国防军的特种部队分为三种类型。一是侦察部队，编制上类似于美国陆军第75突击团，和平时期隶属于地区司令部，配属各营、旅级单位，部署在前线、敌后和占领地，实施对敌监视任务；战争时期隶属于师、旅一级作战部队，作为尖刀力量进行情报搜集、侦察，为师、旅部队指引目标，遂行敌后突袭等。

二是正规特种作战部队，编制上类似于美国陆军"三角洲"特种作战部队、英国的"特别空勤团"或美海军的"海豹"小分队。主要任务是在总参谋部直接指挥下，在敌我情况不明地区执行侦察、边境观测和反恐怖行动。

三是地区司令部下辖的秘密部队，曾执行对加沙地带和约旦河西岸的监视任务，协同北方司令部的山地部队对北部赫尔蒙山区战略要地进行巡逻。

以色列特种部队是世界最著名的特种部队之一，素有"野小子"的美称。

"野小子"成员

目前，以色列的特种部队主要有梅特卡尔突击队、海军第13突击队、耶克伊达特·谢尔戴组织突击队。

参加前面所述突击行动的就是梅特卡尔突击队。梅特卡尔突击队，是以色列"沙漠闪电"特种部队中的一支重要突击力量，隶属于以色列总参谋部，是以军总参谋部侦察部队。它组建于1957年，主要担负深入敌后进行情报搜集和反恐怖任务。它的内幕就像浩瀚的阿拉伯沙海一样神奇，一样难以窥测，鲜为人知。然而，它所创下的赫赫战绩却又闻名遐迩。历史跨入

以色列海军第13突击队队员

20世纪90年代后，"沙漠闪电"的一些秘密终于被西方记者揭开了。——1968年，梅特卡尔突击队对贝鲁特国际机场实施报复行动，一举摧毁了13架中东民航飞机；1969年，在埃及后方军事基地，成功地缴获了当时绝密的苏制成套雷达系统；1976年7月，为了营救被扣押的以色列人质，和以军第35伞兵旅的侦察连乘飞机飞越数国领空，成功地突击了乌干达恩德培机场，救出了103名人质……

海军第13突击队，组建于1948年。组建后，曾多次参与重大的特种作战行动。如1973年2月21日，突袭了的黎波里和黎巴嫩的巴解游击队基地；1973年4月9日，突袭了位于贝鲁特城市中心的"黑九月"和"法塔

赫"的司令部等等。

"耶玛姆组织突击队",即"国家边境警察人质营救特别部队",是以色列特别边境秘密警察部队,主要在约旦河西岸地区活动,类似于德国GSG9边境特种警察部队。

"耶克伊达特·谢尔戴组织突击队"是以色列空军特别行动飞行部队,类似于美第160特别行动飞行团。

尽管以色列的所有退伍军人,都可以在政府帮助下找到工作,但政府往往更优先保证特种部队的退役官兵有一个称心的职位。以色列特种部队深知这一点。它们严格执行军人服役年限,每年都有大批年青力壮的志愿者进入这支部队,部队亦因此始终保持着高昂的士气。

西班牙特种部队

陆军特种部队

近代特种作战起源于西班牙的说法绝非无稽之谈,英勇的伊比利亚半岛人民利用优越的地理环境和非正规的特种作战手段,取得了反抗罗马人、阿拉伯人和德国人入侵的辉煌胜利,并积累和丰富了特种作战的经验。近期爆发的几场局部战争和地区冲突又为西班牙这种古老的作战样式增添了新的内容,即充分利用和快速部署一支短小精悍的特种作战部队,执行远距离作战任务,应付局部冲突和突发事件。

目前,西班牙三军都有一支经过长期训练、素质优良、技术精湛、武艺高强的特种作战部队,已成为西班牙国防力量中快速反应作战的一支重要力量。

西班牙陆军于1956年开始建立它的现代特种作战部队。首先建立了第71特种作战部队和第81特种作战部队。由于实践效果良好,陆军决定为每一个军团建立两个特种作战连,同时在巴利阿里群岛和加那利群岛各建立一个连。1979年,又在这些特种作战连的基础上,从中精选出三个连组成了第1特别行动队。其余的特种作战连又被重新组合,编为六个行动队和三个独立特种作战连。

除了第1特别行动队由三个作战连和一个直属连构成外,其他特别行动队均由两个作战连和一个直属连构成。与其他多数国家的特种部队不同的是,他们吸收应征入伍的士兵作为队员。

西班牙特种部队

陆军特种部队的军官和士兵每批都必须在哈卡军事山地和特种作战学校进行特种作战指挥训练。训练时间为十一个月,包括伞降、雪地滑行战斗、射击与爆破、徒手格斗、潜水泅渡和野外生存。毕业后或者成为一名特种部队的战士,或者成为一名教官。

陆军特种部队每年大约要进行120天的野外训练,训练科目包括:体能适应性训练、战术训练、徒手格斗、武器使用、照片判读、识图、爬山、水中搏斗、严寒气候下生存、爆破和通信。

陆军特种部队使用的特殊器材包括:滑雪和攀山设备、水下泳具等。武器装备主要有:"利亚马"M—82式手枪、"斯塔"Z—70B冲锋枪、各种类型的突击步枪、轻型和中型机枪,60毫米迫击炮和反坦克枪榴弹发射器。

这支训练有素、装备精良的特种部队,主要用于执行以下特种作战任务：与当地游击队取得联系并协同作战、远距离攻击、搜索或巡逻、对敌战略目标实施秘密攻击、营救人质等。除了特种作战部队，西班牙陆军建制内还编有"空中探险者"特种队，该队成员均来自马德里附近的埃纳雷斯堡空降旅。

海军特种部队

西班牙海军特种力量是由海军陆战队的精英组成，其成员分别来自海军舰队和独立团。早在1968年，海军舰队就有了由大约170名自愿人员组成的特种作战部队。该部队军官一律经过哈卡军事山地学校的培训以及海军潜水学校水中搏斗训练和空军伞降学校的伞降训练。而且一般成员一经录用还必须经过两个月的基础训练，其中不合格者被淘汰。

海军特种部队的主要使命是搜集敌人海滩港口、海岸情报，排除敌水际滩头的障碍物和准备两栖登陆的运载设备，并能在运输机、直升机、水面舰艇或潜水艇中执行作战任务。其主要装备有："绍尔"P230手枪、"斯特林"MK—5冲锋枪（带有消音器）、MG42机枪、AN/POS—4和AN/PVS—5A夜视仪、M16A1阻击步枪、M60机枪、先进的通信设备和EFA自动展开降落伞。

海军陆战队也有其特种安全别动队，受防御和安全部队领导，其使命是保护海上设施。南部、东部和北部三个团以及加那利、马德里独立团都编有一个应急连。这些连队的设立，使得海上联队的编外部队、警察和其他力量具有进行机动防御的核心，并随时准备在海上设施受到威胁或遭敌攻击时投入战斗。在特殊情况下，他们也可成为海区指挥官动用的一支编外安全部队。

防御和安全部队成员都要经过8个月的特殊训练。训练内容包括：武器使用、战术和地图判读、生存技巧和体能适应。这些训练都是同野外或城镇环境中进行的频繁演习结合起来的。其主要装备有："毛瑟"66SP狙击步枪、60毫米和81毫米迫击炮、C—90C/CR反坦克榴弹发射器、"柏加索"BLR装甲车，"尼桑帕特"MC—4型越野车及安装在车上的M40A1无后座力炮。

海军还有特种潜水作战部队。该部队自1967年起隶属于海军潜水学校,由指挥、应急和支援分队三部分组成。总人数在50人左右,大多数是职业化专业人员。特种潜水作战部队的主要任务是:沿海侦察和水下破坏时的协同、搜集情报、破坏敌沿岸设施、抢险救灾等。此外,它还承担作战技巧、作战方法的实践和潜水作战部队特殊设备的试验任务,为执行这些任务,行动组成员要接受22周水中格斗和7周支援步兵作战的课程训练,频繁地与其他部队和外国部队联合演习,目标是把自己建成西班牙海军中一支拥有最新技术和装备的现代化部队,能适应航海、夜战、爆破、空袭、潜艇封锁和渗透等多种作战需要以及完成其他水下作战任务的需要。

空军特种作战部队

西班牙空军掌握有伞降工程和军事空运支援两支空中特种部队。伞降工程中队负责保障空军行动的先期地面作战。共有100人左右,其中大约半数为职业航空兵,另一半为自愿应征者。有些队员在西班牙或美国经过特种作战、扫雷排障、指示目标、空中支援和射击等多种科目训练,每年平均参加150天的演习,并随时准备在紧急情况下执行任务。

伞降工程中队的主要使命是空中渗透,用以标示空投地区和指明突击目标,并担负空域侦察,有时也承担建立陆基观察站、摧毁敌设施和装备的任务。此外,它还负责对所有空军受训飞行员"生存和逃避"课程的教学。1988年以后,又增加了负责对其他西班牙军人进行"高空低开伞"和"高空高开伞"技巧的训练课程。该中队使用几种型号的固定翼飞机和直升飞机,其中最著名的是T—12空中战车,此机型配备有HALO/HAHO行动的特殊供氧设备。

西班牙伞降工程兵演习

◆◆◆ 著名特种部队

西班牙特技跳伞队和军事空运支援中队都是由伞降工程中队派生而来。军事空运支援中队成立于1986年，由大约100名伞降工程兵组成，隶属于东部空军总部。所有成员都是职业自愿人员，先经过伞降工程中队18个月严格训练之后，他们将在该中队服役18个月至8年。

军事空运支援中队负责派出5至6人的行动小组，分别使用于与空降行动相关的各个阶段，如早期，这些小组可能负责准备空袭或空中机动所要投放的货物。后期，他们可能在主力之前行动，标志伞降地区，充当游击队在敌后夺占要地。

这个中队成员的训练科目包括雪地作战演练、水下作战和两栖渗透等。另外，对于货物投放、高空跳伞以及如何使用特种服装和供氧设备等方面也要经过专门训练。伞降工程中队和军事空运支援中队主要装备有："利亚马"M—82手枪、CETME5.56毫米冲锋枪、C—90C/CR反坦克枪榴弹发射器、"马尔特"—02型头盔和"凯夫勒"防弹背心。

海湾战争以后，西班牙政府认为，未来的主要作战样式将是应急作战，对危机做出政治和军事反应的时间将越来越短。因此，决定对特种部队进行改组，以建立一支规模中等的快速反应部队。建立一支包括一个空降旅、一个轻步兵团和来自外籍军团的一支特种作战部队，可以对各种军事危机迅速作出反应。

泰国特种部队

特种女兵团

泰国是首先建立特种部队的几个亚太国家之一。泰国的特种部队称为特种战争部队，主要由泰国皇家陆军特种部队组成，是一支强悍、目的明确并且训练有素的部队。

泰国1992年1月正式建立了一个特种作战联合司令部，它负责制定特别作战和非正规作战计划。司令由曾经在陆军特战部队任职的上将级军官担任，副司令由海、陆、空或警察部队的中将级军官担任，参谋长由陆军的少将级军官担任。联合司令部下属有陆军的特战部队和义勇军部队、海军陆战队的几个特别行动队、空军航空工程部队的特别行动队和突击部队、边境巡逻警察部队和特别训练警察部队。

值得一提的是泰国拥有一支训练严格、手段"极其残酷"的第一旅女子步兵团。这是一支鲜为人知的特种"巾帼娘子军"。

特种女兵团的所有女兵都是志愿参加者，年龄为16至25岁。驻扎在泰老边界，专门用来对付恐怖分子及危险分子。女兵训练的地点和方式是绝对保密的，女兵挑选也十分严格，除了要有惊人的胆量和体魄外，还要学会各种杀敌技能。这些女兵并不是五大三粗，如果脱去一身戎装，穿上迷你裙，她们个个都是娇俏的美女。

特种女兵团十分英勇无畏。而这种英勇无畏来自于自己的献身精神和"残酷"的训练。首先，她们均属自愿参军，认定能当上女兵是本人荣幸，也是全家的光荣，连族里和村里人都会感到"脸上增光"。这种强烈的荣誉感使她们甘心情愿地接受部队的严格训练和一切挑战。

其次，泰国对她们的训练可能是世界上最严格乃至"残忍"的。第一，新加入的女兵要接受一次测试，通过为期一周的入伍生存"考验关"。让她们像原始人一样单独在丛林荒野中生活一周，内容包括捕捉蜥蜴，以毛毛虫、野生动植物为食物，并要赤手空拳对付野兽的袭击；睡草丛，席地幕天，行荆棘，跋山涉水……第二阶段是过"鬼门关"。训练及格后，每个女兵要单独在一个墓地与死去多时的死尸、骷髅骨共度一晚，所谓"昼同处，夜共眠"。由于泰国系佛教国家，人们最怕的就是鬼魂之说。因此这对于生长在佛教之国的绝大多数人是一大难关，对女子尤其如此。接下来是体能、技能训练。每天早上5点起床集合，接着是三个小时的长跑；然后是两个小时打靶；再是拳击训练、徒手格斗、散打、摔交；还要学习如何用刀手刃敌人和自由搏击……总之，用她们的话说："生命充满了危险，军营充满了艰辛，但我们充满信心和自豪。"

泰国特种女兵接受训练时，从头到脚配备各式各样的武器，面上涂上保护色。这支女兵队伍是世界上最厉害的狙击手。她们可以单独在森林里生存,能用最快及最有效的方式杀死敌人。同时她们也是使用手枪、利刃和手榴弹的专家。她们接受训练的第一课,就是要忘记什么叫做"害怕"。

她们要经常面对恐怖,随时有生命危险,是泰国皇家的最厉害的"武器"。但她们每日只有几元的低微薪金,在兵营时禁止与男子结婚。泰国规定,女兵"可以自由要求退役",但令人惊奇的是,没有一个女兵愿当逃兵。

"当她们穿起迷你裙和高跟鞋时,看上去的确是美丽年轻的时髦女郎。但当她们拿起武器,把脸涂黑伪装时,她们则可能是世界上最具有战斗力的部队,甚至连美国的军队(包括男兵)在她们面前也会显得逊色。她们熟练地掌握各种枪械,她们的徒手格斗,她们的实战演习,都表现出她们训练有素,尤其是她们显示出的大无畏精神,令我们十分敬佩。"这就是美国军事专家安德鲁·巴歌逊对泰国特种女兵的评价。泰国国王则称她们是"无畏的泰国女战士"。

皇家陆军特种部队和心战营

泰国皇家陆军特种部队的历史可以追溯到1963年。当时,第1别动队空降营进行了改编,并将番号改为第1特种部队空降大队。之后,泰国皇家陆军特种部队扩大到四个大队。1982年7月,皇家陆军将所有的特种部队合并成一个新的部队——第1特种作战师。此外,四个特种部队大队均已扩为团。新组建的特种部队师归泰国皇家陆军威蒙·旺瓦尼少将指挥,师部设在华富里府的纳莱兵营。这支合并后的特种部队在作战和支援活动的效能方面都已有了很大的提高。除上述部队外,泰国的特种部队还包括一个心理战营、一个空降营、一个远程侦察巡逻连,以及泰国皇家陆军特种战争中心和特种战争学校。

泰国特种部队的任务与其他国家特种部队的任务相似,其中包括在泰国皇家陆军司令部的指挥下在敌后实施非常规战和心理战、城市行动及其他特别行动。泰国特种部队按照特殊的要求编组,以便能与当地居民和少数民族合作,发展地方防御力量。在受到泰国反政府武装部队和少数民族

泰国特种部队装备精良

叛乱运动的农村边界地区，特种部队的"A"组小分队负责乡村防御部队的组织和训练，并向他们发放武器装备，通过游击战来对付入侵之敌，支援泰国皇家陆军正规部队的反叛乱作战行动。

　　陆军特种部队的训练严格而全面。内容包括自救、空降、武器运用和渗透等。自救训练在瓦栖拉隆工兵营进行。在那里，教官训练、指导特种部队的士兵识别可以作为食物、饮用水和药物来源的各种植物，并熟悉它们的用途；讲授简便的野战饮事技术，其中包括利用当地的竹子做食物、燃料和锅盆。识别和对付泰国的各种蛇也是一项重要的自救训练技术。伞降渗透是一项必要的技术。在第1师师部的所在地艾拉湾兵营，第1气球施放连用一个巨大的氢气球作为跳伞台，从而避免因使用飞机（除非必要时）而付出的昂贵代价。只有雷雨天气或风速大于每小时20千米时才停止使用气球。

　　泰国特种部队还进行使用各种武器的训练，从12毫米的滑膛枪到3.5英寸的火箭筒。他们还将手足视为有力的武器。对人员进行军事技能训练，泰国皇家陆军特种部队尤其擅长一种根据泰拳编成的军事拳术。为了显示其能，第1特种部队团的一个"A"组小分队实施了一次空中突入和战术渗透演习。该小分队应用高空跳下高空开伞技术，用非常灵活的冲压空气伞悄悄地向目标地域降落，最终降落在一个很小的空投场上，每人着陆点之间的距离只有几米，然后进行重新编组。身着黑色特种服装的小分队队员们收好降落伞，并迅速无声地做好战斗准备。

渗透行动在一条布满各种陷阱的丛林小道上展开。陷阱不是模拟或假设的，它们完全可以伤害一个粗心大意的参演人员。

泰国特种部队士兵必须学会识别丛林中各种各样的蛇

渗透人员的任务是发现、识别、排除陷阱，为突击分队开辟通道。除了有竹签的陷阱外，在小分队前进的小道上还设有伪装巧妙的用绊网引发的粗大的尖竹签，另外还有埋有钉满铁钉的木桩的陷阱，以及可以发射单发子弹的陷阱。由于存在真正的危险，小分队认真仔细，井然有序地沿小道前进，探测和检查小路两旁的树叶。从用手势向其他队员指示陷阱的位置和种类，到排除或避开已被发现的陷阱，一切，均默默无声地进行。

泰国特种心战部队始建于20世纪60年代。当时，泰国陆军为提高部队整体作战能力，于1963年效仿美军建立了一支专职心战部队。开始这支部队规模很小，在实践中，泰军认识到："世界上任何地区爆发战争，如果仅以武器、实力取胜是十分困难的。采取心战分散敌方精力，涣散敌人士气，对于战胜对方起着重要作用，而且它能收到事半功倍的效果。"于是泰军逐步扩大心战部队编制，目前已编成特种心战营。

泰国心战部队的任务是，平时宣传军队、政府的主张、政策，联络军属和民众，以获取民心；战时则以五至六人的小组为基本单位，向各战区派遣多个心战小组，进入战区活动。通常采用鼓动民众、心战广播和播放音乐三个基本手段完成自己的心战任务。

泰国特种心战营隶属泰军统帅部,由驻华富里兵营的皇家特种作战中心具体指挥,现有 120 名经过特殊训练的心理战军人。该部队自建立之日起,泰军就不断从国外购进新式通信装备和广播器材,并挑选文化程度高、身体素质好的人员,有针对性地进行各种训练,以适应不断变化的心战对象。自 1968 年开始,美军第 9 心战营每年都派人前往泰国,与该部队一起进行训练。泰军介绍当地民俗、地理情况,美军则教授心战方法和经验,并共同进行模拟实战演练。

其他国家的特种部队

朝鲜特种部队

朝鲜特种部队的英勇、顽强、凶狠是世界闻名的,他们在 20 世纪 60—70 年代经常潜入韩国进行暗杀、破坏和各种策反活动,搅得韩国不得安宁,取得了累累战果。

朝鲜特种部队的前身是"283 军部队",它是在朝鲜实施南进作战的指导思想下成立的,主要从事前线侦察、往韩国输送谍报人员和策反人员、搜集军事情报等。20 世纪 60 年代中期,这支部队频繁地派出三至五人的游击小分队,到韩国去实施暗杀活动,最为有名的是被韩国称之为"松湫游乐场武装间谍事件"。在这次事件中,朝鲜四名游击队员被韩国警备队发现,造成两死两伤。

小股南进渗透特种作战未能取得重大战果,金日成指示建立更加强大的特种部队。于是,1967 年成立了被称之为"恐怖的 124 军部队"。该部队的主要任务是渗透、袭击、潜伏攻击、破坏、暗杀等。因此,该部队成立后,首要目标就是暗杀时任韩国总统的朴正熙——袭击青瓦台,开始了异常残酷的"死亡训练"。但由于种种原因,由精心挑选的 31 名特种队员组成的袭击队,在距青瓦台不到数百米的地方,被韩军发现,30 名战死,1 名被俘。然而,124 军部队不甘失败,又精选了 120 多名特种队员,从海路登

陆，潜入韩国东海岸的蔚珍三陟地区，进行了一系列的破坏和暗杀活动，因遭到了韩军的合围，最后以失败告终。

接连遭到几次重大的挫折后，朝鲜彻底解散了原来的283军部队、124军部队、集团军徒步侦察队、第17侦察旅等南进渗透特种部队，成立了新型特种部队——轻步兵部队。这支部队采用前方配置和后方配置方式，部署在前沿的每个军下辖两个特种旅，部署在后方的每个军下辖一个特种旅。另外还有一个特种军——第8特种军。部署在前沿的特种部队，主要在前沿或直接深入敌方进行游击活动和战地侦察作战；部署在内地的特种部队主要从陆路、海路、空路深入韩国进行游击破坏活动。

目前，朝鲜人民军有十多个特种作战旅，估计有6至7万人，人数堪称世界第一。其中第8特种军就有五个旅，约2.5万人。每个特种旅由七个特种营组成。

特种部队的主要武器有AK步枪、手枪、手榴弹和短刀等。他们的训练极为艰苦，主要训练内容有15个小时走120千米的急行军训练，每日三小时的射击训练，每天击打沙袋1500次至2000次的臂力训练以及跨越障碍

训练中的朝鲜特种部队士兵

物、模拟袭击、野营等训练。特别是第8特种军，由于是专门的特种部队，他们训练的内容更为丰富，除上述训练科目外，还有夜间攻击、伞降、攀登绝壁、破坏建筑物、抢夺绝密文件等。

韩国特种部队

韩国特种部队创建于1969年，是在朝鲜特种部队夜袭青瓦台、暗杀朴正熙总统事件的刺激下成立的。

1968年，由31名朝鲜特种队员组成的袭击队，奇袭了朴正熙总统官邸。尽管这次行动失败，全军覆没，但震惊了韩国朝野。为了对付朝鲜实施的南进特殊作战，以牙还牙地予以反击，韩军参考了美军在越南反游击战的作战经验，于1969年正式组建了特种部队。

当时，韩军以参加过越战且实战经验丰富的优秀士兵和下士官为主体，成立了两个游击作战旅，并投入了特种训练。不久，这支部队与朝鲜特种部队展开了以牙还牙的特殊作战。韩国军队的实力很强，尤其是越战中派遣的"猛虎师"，就像其名字一样，曾威震越南。因此，由军队的佼佼者组成的特种部队，其战斗力不亚于美国的特种部队。

韩国拥有的特种作战部队数量众多，到20世纪70年代末，韩国已建立了七个特种旅。1982年后，又增加了两个，共九个特种旅。这些特种旅主要接受敌后作战训练。训练科目包括特种武器使用、爆破、跳伞及其他许多技能。所有成员均取得佩戴跆拳道黑带的资格，精通武术。韩国特种作战部队按照美国特种作战部队条令进行组织和训练，并与美国特种作战部队保持着密切关系。他们在从事特种作战时，最小作战单位为9人特战小组，即2名军官，7名士兵。

平时，他们跟韩国的陆军一样，穿迷彩服，但头戴黑色贝雷帽，挂银色徽章，以作为特种部队的象征。他们使用的武器主要有美式M—16A1和M—60式机关枪，自产的KA—1卡宾枪、KA—2步枪等。在专事反恐怖作战的部队中，还装备了意大利造的M92F手枪。为了在雪地作战，也有全是白色的冬用装备。为了使用橡皮艇作战，还备有黑色简易潜水服。

韩国特种部队中从事反恐怖作战的特种部队主要是707特种任务营，组建于1982年，编制120人，分为6个小队，其中两个小队专门从事人质营救工作。在第24届奥运会期间，该营曾奉命出动，保证奥运会的安全。707特种任务营主要配备有考尔升自动步枪等。

707特种任务营曾接受过德国GSG9和美国"三角洲"部队、"海豹"突击队的专门训练。全营官兵取得了特种部

韩国707特种部队

队考核合格证书，准确地完成了跳伞、凭借绳索上下悬崖峭壁、白刃战、枪械使用、实施爆破等项目的训练。然后再经筛选，进入人质营救小队的官兵，还将继续接受战斗射击、障碍排除、突击战术运用及其他营救人质所需的专项练习。707特种任务营比韩国其他特种部队更为勇猛。而且该营拥有一套世界上为数不多的最复杂的训练设施。

越南特种部队

越南特种部队又名"特工部队"。越南特工部队形成于抗法战争时期。当时，为了有效打击法国侵略者，越军专门组织了一些精悍的特工小分队，出没于法军营地，频频袭击敌人指挥机关和其重要的军事设施，搅得法军惶恐不安。1964年，越军为了进一步发挥特工小分队的作用，将分散于各地的小分队集中起来，创建了第305特工师。接着，越南海军于1966年组建了第126水下特工团。1967年越军正式成立了特工司令部，并作为一个独立兵种部，负责特工部队的作战和训练。该司令部隶属于越军总部。

特工部队初建时期，力量小、水平低，但随着反帝人民战争的深入，特工部队进一步得到发展。在美越战争中大约有1.5万名特工战斗在南方。特别是在西贡，任何有美国人出没的地方都有可能找到他们。他们的武器不十分精制，但他们充分利用地理环境一次次打击对手，就像丛林中的眼

镜蛇一般行动诡秘,被外国同行称为"眼镜蛇"特种部队。它们的使用范围和作战规模也越来越大,由只能秘密破坏仓库、基地,化装袭扰小股敌人,发展到能攻击较大据点、阵地,消灭以坚固工事为依托或机动行军中的敌连、营级部队;由只能摧毁目标,发展到能在必要时占领目标;由以独立作战为主,发展到能在战术、战役范围内进行合成兵种作战。如在1968年的新春攻势中,在攻占西贡、顺化等重要目标的作战中,特工部队攻占梅黑帝仓库、邦美蜀机场,为步兵、装甲兵部队的突袭、穿插创造了条件。总之,在十年的抗美战争中,越南特工部队给美伪军首脑机关、重要军事设施和后勤补给系统以沉重的打击,被称为"越南的B52"。

抗美战争结束后,越南不断扩大和强化特工部队,曾一度扩大到十三个特工团和一个空降特工旅,总兵力达2万人以上。

越南著名的女子特工队

目前越南特种部队有三个旅,即113、115和198旅。每个旅配有空降、两栖和越野侦察分队。特工部队分散在野战军的师、团、营、连中。

特工人员主要从陆军部队中挑选。选中的人员被送往位于河内地区的一所特工学校进行特殊训练。在校经过三至六个月的特工训练后,再分配

到特工部队。抗美战争期间,由于特工人员伤亡大,特工学校每年可向部队输送100名干部,700至1000名士兵。

澳大利亚特种部队

澳大利亚特种部队始于1957年,空军按照英国模式成立了第1特种勤务连。当时,英国正在同马来亚游击队作战,陷入了进退维谷的境地,不得不调遣这支部队参加作战。因此,这支部队成立后不久就经过了战斗的洗礼。1960年,第1特种勤务连的部分成员被编入"王室澳大利亚团",改编为一般的步兵部队。

1964年,由于形势的需要,这支部队重新独立,并得到大幅度地扩充,正式命名为空军特种勤务团。它驻扎在佩思附近的斯旺伯恩,下辖三个"佩刀"特种勤务连。空军特种勤务团成立后不久,其第1特种勤务连就被派到文莱,同印度尼西亚正规军进行了作战。不久,第2特种勤务连被派往婆罗洲执行作战任务。在越南战争中,该团先后将三个特种勤务连派往西贡,参加了对北越的作战。

经过战斗洗礼的这支部队,1979年奉命成为专门营救人质的特种部队,它归特种部队指挥部调遣,实施攻击时,澳大利亚政府的特派部长可通过设在堪培拉的安全服务协调中心直接指挥该团作战。

空军特种勤务团的成员主要从现役军人的志愿者中选拔,其选拔方式与英国空军特种勤务团一样,而且胸前佩戴的徽章也是一样的。他们头戴绿色贝雷帽,配备美制M4A1卡宾枪、勃郎宁手枪、考尔特LISIM—16突击步枪、F—88型5.56口径步枪、帕克哈列82型狙击步枪及MP5—39冲锋枪

澳大利亚特种部队配置美制M4A1卡宾枪

等武器。

为提高特种作战能力,该团经常和英国、德国、美国的一些高水准部队共同训练。

奥地利特种部队

奥地利"眼镜蛇"特种部队是一支同恐怖分子进行斗争的部队,组建于1978年。"眼镜蛇"部队共有80名成员,下设四个小队。其总部设在离首都40千米的新维也纳城,部队训练中心占地25公顷。总部大门上醒目地挂有象征该部队特色的标记——刻着一条眼镜蛇的利剑。该中心被几座2层高的小楼和通道围成马蹄形,内部是操场,马蹄口正中是总部办公楼,两侧则是宿舍、旅馆、体育馆和汽车库。楼群中一座鹤立鸡群的20米高的塔楼是用于训练的教学楼,四面楼墙各有特点,可以演练各种攻楼方案。参观过这里的英、美、法、俄等国专家都称赞它是世界上最先进的训练中心。

特种部队队员除进行严格的特种作战训练外,还学习战术、心理学、

奥地利"眼镜蛇"部队在演练

著名特种部队

游泳和英语等科目，每月举行一次军事技能比赛。1993年6月在德国举行的西方14国特种部队和警察的第6届国际比赛中，该部队的各种武器射击、体力、心理素质、意外事件反应能力等，仅次于美国的"德尔塔"特种部队，名列第二。

奥地利"眼镜蛇"特种部队选拔队员非常严格。有资格参选的人必须是年龄在20至35岁之间的宪兵队工作人员，身高1.68米以上，还要经过严格的心理、体力和智能等方面考核。录取者必须同政府签署二年半的服役合同。部队组建以来共选用过838名队员，参加过数次解救人质、阻止劫机的行动，队员无一伤亡。"眼镜蛇"特种部队还担负一些秘密任务。如在首都以外保护总统或其他国家领导人，保护来访的外国元首和政府首脑；负责奥地利民航客机前往世界热点地区的安全等。

奥地利另外一支比较著名的特种部队是"艾多克"。为了对日益增多的有组织的刑事犯罪活动进行更加有效地打击，奥地利内政部于1992年新组建了一支特种部队，即"艾多克"特种部队。"艾多克"是打击有组织的刑事犯罪部队的简称。这支部队直接归属奥地利刑事警察局领导，可随时到奥地利任何地区执行任务。目前，这支装备精良的部队有20名队员，他们都经过严格挑选后才入选的，体魄强壮，训练有素。而且，这支部队已与国外的同类部队建立了直接联系。

南非特种部队

南非称特种作战部队为侦察突击队。这支部队成员由各军种部队中抽调组成，效率颇高。到目前为止，南非侦察突击队所取得的成就，已使它与美英等国的著名特种部队并驾齐驱，同享盛誉。

南非侦察突击队的任务是高度保密的，而且极端艰苦。虽然有明文规定，只有南非白人才有资格参加，但是已有许多来自英国、美国的优秀人材加盟南非的侦察突击队。目前，侦察突击队只有两个小队。其招收对象仅限于现役部队中的优秀士兵，而且要经过非常严格的测试。在加入侦察突击队之前，每一名申请者都必须充分表现出其坚强的意志、钢铁一般的体质和处变不惊的精神。

南非侦察突击队的队员大多是二十多岁的小伙子，他们甚得其他部队官兵的敬畏。南非的士兵都认为能够成为一名突击队员是一个人的荣幸，因此，许多士兵一次又一次地申请加入这支南非精锐部队，但绝大多数人都以失败而告终。曾有一次有700多名士兵参加突击队的选拔测试，只有45人合格。

南非侦察突击队作为核心专业突击队，专门负责潜入敌后搜集情报，然后由敌后返回基地。在他们的整个行动中最重要的是保证不被敌人发现。如果在执行任务时遇到敌人的威胁，他们要机智地运用平时所学的技能去解除这些威胁。如何运用机智，则要看每个人的素质而定。侦察突击队中有四分之三的队员是大学毕业生。

南非侦察突击队员，不仅要具有不凡的身手，而且还须是一个跳伞能手。此外，他们还要接受海上作战训练，包括潜水袭击敌人船只的训练。

他们还要懂得如何独自在旷野中或沙漠里在没有任何援助的情况下，独自求生数月之久。还要学会以下的专业技术：处理炸药、无线电通信、航海、持械搏斗、徒手搏斗及熟练地运用各种枪械。

南非侦察突击队在作战时，队员不仅要通力合作，而且知道他身边的任何一个人都像他自己一样的可靠。他们不论面对怎样的敌人，也不论处于多么艰苦的作战环境中，每个人都坚守一个信念，这就是保证每一个人都能脱离险境。即使是有队员负伤或死亡，他们也会尽力将其带回基地，这已经成为南非侦察突击队的传统。

南非特种部队队员在执行任务

世界著名军校

保定陆军军官学校

中国第一所军事高等学校

保定陆军军官学校的前身是清朝北洋陆军的陆军速成学堂和北洋陆军将弁学堂。陆军速成学堂和北洋陆军将弁学堂是中国历史上最早的正规化高等军事学府。从这点来说，保定陆军军官学校也堪称中国第一所军事高等学校。

1912年至1923年期间，保定军校办过九期，毕业生有6000余人，当中不少人后来成为黄埔军校教官。在国民党及共产党内都有保定学生。如果从北洋军陆军速成学堂算起，保定训练了接近10000名军官，其中超过1600人获得将军的头衔。保定军校造就了大批

保定陆军军官学校纪念馆

军事人材，在中国近现代史上有不可忽视的地位。

保定陆军军官学校创建于1902年，停办于1923年。公元1900年八国联军侵入中国，强迫清政府签订了丧权辱国的《辛丑条约》，驻天津小站的练兵机构——武备学堂，被迫迁到保定。1902年，直隶总督兼北洋大臣袁世凯在保定东关外创练常备军并设军政司（不久改称督练公所），下设兵备、参谋、教练三处，分别由刘永庆、段祺瑞、冯国璋任总办。经袁世凯奏准，在保定东关外创办北洋陆军将弁学堂，由冯国璋任总办（即校长）。1906年，段祺瑞接任总办。1903年，北洋陆军将弁学堂改名为北洋陆军武备学堂，又改称北洋通国陆军学堂、陆军随营学堂。1907年更名陆军大学堂（简称陆大）。

1912年，民国政府成立，陆军大学堂改为陆军军官学校。与将弁学堂开办的同时，在保定军校的南面创办北洋陆军协和学堂，后改名陆军速成学堂。人们习惯把这两所军校统称"保定军校"。

保定军校重视基础教育。清末，各省有一所陆军小学，其学生来源主要由各地驻防旗人子弟中选送，其次由每县的高等小学中选送一名体质与学业兼优的汉族学生，他们的年龄在十四五岁，都享受公费待遇。陆军小学毕业后，其优秀者升入陆军中学。当时全国有四所陆军中学，第一陆军中学在北京清河镇，第二陆军中学在南京，第三陆军中学在武昌，第四陆军中学在西安。陆军中学毕业后，编成"入伍生队"，先在保定军校的分校过半年军队生活，经过严格的训练之后，加以考核，合格者才能升入陆军军官学校。因此，军校学生的素质较为齐整。

1912年民国成立，各省陆军小学停止招生。保定陆军军官学校重新开学，将这一年进校的学生定为保定军校第一期。1915年，四所陆军中学合并为两所陆军军官预备学校。两所陆军军官预备学校分别位于北京清河镇和湖北武昌。1917年，最后进入陆军小学的一届学生已升了学，陆军军官预备学校失去了新生来源。这一年暑假，清河第一预备学校在普通中学（四年制）二年级以上的学生中招收一批新学员，均经严格的考试后择优录取。1918年春，由原陆军小学升入保定军校的学生已全部毕业，陆军部改变招生制度。保定军校直接由普通中学毕业生中招考了一批学员。先将这批学生送到各师下连队当兵九个月,期满后审核合格,才编入军校学习,这是保定军校第八期学生。陆军预备军官学校于1918年及1917年招收的那一批学生,在1921年升入保定军校,这是第九期学生,也是最后一期学生。

正规化的训练

保定军校主要功能为训练初级军官。学习期为两年,分步、骑兵、炮、工、辎重五科,保定军校的教学内容与教学方法是参照德国与日本的军事教育,结合中国的实际情况制订而成的,逐步摆脱了天津小站练兵的一套旧法。学制章程参照日本士官学校,教官亦以日本士官学校毕业者居多。第一任正式校长为蒋百里。

教官和科队长也多聘留德、留日的学生及陆军大学和本校的优秀毕业生担任。历来按兵科编队,分别进行教育训练。队长为少校级,担任生活管理和本兵科的术科教练,军事教程由中校教官担任;技术课为劈刺、体操、武术等,由技术教官(一般是上尉)担任,另有技术助教辅助技术训练。至第八期,对学生编队做了一次改革,各兵种混合编队,一般的军事课和生活管理均在混合队(专科训练除外),队长提为中校级,伙食也改为连队办理。骑兵和辎重科由骑兵科队长兼管,减少了兵种负责人,军事教官由中校降为少校。

课堂教育,每天至少有半天时间教授课程,除有关军事的战术、兵器、测绘、筑垒及典范令外,并增加理化、数学、历史、地理等,每节课为一个半小时。典范令小册子是教练各项军事动作的准绳。普通知识和外语是辅助教育,聘文职教员担任,以充实学生的军事知识,为逐步全面学习各种军事演习准备条件。术科训练,先在操场进行各种制式教练,再到各教练场演习。野外演习,先由简入繁,再逐步进入全面联合演习。实弹射击有打靶场,乘马训练有马场,炮兵训练有炮场,工兵有土木工作业场、架桥作业场,爆破演习则选择不致造成危害的场所。辅助术科如体操、劈刺、武术等,都有专业教官,在大院进行。器械操在校后门外的器械操场进行。这些训练每课多为一小时,正式出操训练一般两小时,野外演习至少用半天的时间,科目复杂且远离学校时,则增加到一至数日。大演习还携带帐篷、炊具，在演习地组织生活。

优秀毕业生

保定军校以自身较好的军事素质，在军事教育和参谋业务等方面受到民国政府各省军事当局的重视，自成一个军事学术系统。孙中山先生创办黄埔军校时，也以保定军校毕业生为军事教育骨干。自辛亥革命至"七七"事变，保定军校毕业生担任高级指挥官的已占很大比重。尽管蒋介石独裁时代极力培植自己的体系——黄埔系，但保定军校毕业生的学历仍然是担任军事教育最可靠的保证。保定军校自建立之日起，即标榜"军人以保家卫国，服从命令为天职"，"军人不问政治为高尚"，形成了保定军校学生一种职业军人的特点。

保定军校之所以中外闻名，与人才辈出及对中国近代史影响之大分不开。仅1912年后的毕业生，即达6553人。其中不少毕业生成为中国近代革命史上的知名人物，为中国人民的革命事业立下了不朽的功勋。如叶挺同志是中国共产党著名的军事将领，在北伐战争中他率领的"铁军"使敌人闻风丧胆，抗日战争时期任新四军军长。赵博生、董振堂烈士，是宁都起义的著名领导人，赵博生同志曾任红五军团副总指挥兼参谋长，董振堂同志任红五军团长，先后为革命事业光荣牺牲。地下党员、原国民党第三十三集团军副司令长官张克侠和何基沣同志，在淮海战役的紧要关头，分别率领五十九军和七十七军火线起义，

保定军校优秀毕业生叶挺将军

为顺利地取得淮海战役的胜利做出了重大的贡献。还有何柱国、王长江等

 世界著名军校

同志,也都为革命事业做出了贡献。

该校的毕业生中也有不少人成为民主革命的骨干,如李济琛先生,在军校参加了辛亥革命活动,为阻止清军南下攻打起义军,曾冒险去炸漕河铁桥,解放后任中华人民共和国副主席。季方同志在辛亥革命中曾任北伐军敢死队排长,又投入讨袁战争,解放后,任全国人大常委会委员,全国政协第六届副主席。驻武汉第四镇统制张廷辅将军,辛亥革命时率两营军队攻克总督府,后被暗杀。

还有不少人经过曲折的道路后,又投身于革命阵营,如张治中、傅作义、陶峙岳、楚溪春、刘文辉等。当然,保定军校也有不少学生成为北洋军阀和国民党阵营的高级军政首要人物,如陆军速成学堂毕业的学生蒋介石、张群(国民党政府行政院长)。军官学校毕业的白崇禧(国民政府国防部长)、陈诚(国民政府参谋总长)、李树春(国民政府参谋本部参谋次长)、秦德纯(国民政府国防次长),还有熊式辉、顾祝同、刘峙、薛岳、罗卓英、马法五、周至柔等国民党高级将领。

黄埔军校

国共第一次合作的产物

1924年,在国共两党首度携手合作、国民革命风起云涌之际,世纪伟人孙中山先生高瞻远瞩,视"教育为神圣事业,人才为立国大本",在广州亲手创办了一文一武两所学堂——国立广东大学(现中山大学)和黄埔军校。黄埔军校建校时的正式名称为"中国国民党陆军军官学校",因其校址设在广州东南的黄埔岛,史称黄埔军校。

黄埔军校是孙中山先生在中国共产党和苏联的积极支持和帮助下创办的,是第一次国共合作的产物。作为中国现代历史上第一所培养革命干部的新型军事政治学校,其影响之深远,作用之巨大,名声之显赫,都是始料所不及的。

近年修复的黄埔军校

　　黄埔军校建立后,以孙中山的"创造革命军队,来挽救中国的危亡"为宗旨;以"亲爱精诚"为校训;以培养军事与政治人才,组成以黄埔学生为骨干的革命军,实行武装推翻帝国主义和封建军阀在中国的统治,完成国民大革命为目的。一方面积极进行孙中山革命的三民主义教育;一方面灌输马克思列宁主义的思想。军校采用军事与政治并重,理论与实践结合的教学方针,为中国革命培养了大批军事政治人才。广大黄埔师生在反帝反封建、争取国家统一与民族独立的斗争中立下了赫赫战功,为中国革命做出了重大贡献。

　　黄埔军校自1924年6月在广州创办到1949年底,共办了二十三期,毕业生包括各分校、训练班在内,计有41386人。名将辈出,战功显赫,扬威中外,影响深远,在中国近现代史上占有显赫地位。所以,黄埔军校与美国西点军校、英国桑赫斯特皇家军事学院以及俄罗斯伏龙芝军事学院并称世界"四大军校"。

黄埔历史

1923年9月，孙中山派蒋中正、张太雷、沈定一三人组成"孙逸仙博士考察团"访问苏联，学习建军经验。1924年1月24日，孙中山命名成立的"陆军军官学校筹备委员会"，28日选定广州长洲岛上的原广东陆军学堂和广东海军学校的旧址上建立军校。5月，任命蒋中正为校长，廖仲恺为国民党党代表。随后，任李济深、邓演达为教练部正、副主任，王柏龄、叶剑英为教授部正、副主任；戴季陶、周恩来为政治部正、副主任，何应钦为总教官。此外还有熊雄、恽代英、萧楚女、聂荣臻、张秋人等共产党人担任教官及各方面负责工作。

孙中山在开学典礼结束后，同蒋中正、何应钦、王柏龄合影。1924年5月，从1200名考生中正式取录学生350名，备取120名。5月5日开始入学。6月16日，举行开学典礼，孙中山到会场给青年作了热情洋溢的讲话："要从今天起，立一个志愿，一生一世，都不存在升官发财的心理，只知道做救国救民的事业。"

孙中山的训词后来成为中华民国的国歌歌词。1925年2月，军校出师东征使用的校名为中国国民党党立陆军军官学校，以排斥共产党人在校内的地位。学校在当时集中了革命军中有才能的人。黄埔军校最初有许多从苏联来的教员，但在北伐战争期间蒋中正与中国共产党关系破裂，所以这些苏联教员离开了。

1926年，根据国民政府中央军事委员会决定，将原陆军军官学校扩大改组，于同年3月正式命名成立中央军事政治学校。国民革命军

黄埔军校创办者——孙中山

攻克武汉后，1926年10月27日，国民党中央先决定在两湖书院旧址设政治训练班，后改办中央军事政治学校政治科，后将黄埔第五期政治科学员移往武昌就读。1926年12月，又决定将黄埔五期炮兵、工兵科移来武昌就读，于1927年1月19日改名为中央军事政治学校武汉分校。革命家宋绮云、抗日女英雄赵一曼、文学家谢冰莹，都是武汉分校毕业的。郭沫若曾任政治部教官等职。

黄埔军校武汉分校的优秀毕业生赵一曼

1927年，第一次国共合作分裂，于是在广州、武汉和南京分别出现了三所黄埔军校。在武汉，3月22日，以国民党中央的名义，决定将武汉分校扩大改组为（武汉）中央军事政治学校，开展讨蒋斗争。七一五政变后，黄埔五期学员被迫毕业离校，军校整体改编为张发奎的第二方面军军官教导团（团长是由第四军参谋长叶剑英同志兼任），成为后来广州起义主力，武汉军校便不复存在；在广州，原中央军事政治学校依然开办，1928年5月，由副校长李济深决定将学校改名国民革命军军官学校，学校只剩下718人坚持至毕业，其余散往武汉、南京等地，称黄埔六期生。1929年9月10日，校长蒋中正以国民政府名义，改称学校为国民革命军黄埔军官学校。第七期学生毕业后，1930年9月，学校被要求停办。1927年底，在南京由蒋中正决定自行成立（南京）中央军事政治学校，宣誓反共。1928年3月，以中央军事委员会名义明令改名中央陆军军官学校。建国后的海军少将张学思，历史学家黄仁宇都是中央军校毕业的。

抗日战争全面爆发后，1937年8月中央陆军军官学校迁至成都。在抗日战争中成了培养抗日官兵的大本营。各期毕业生都一律开赴抗日前线参战。抗战结束后,实行军校改制,于1946年元旦后改名为中华民国陆军军官学校,校长蒋中正改任名誉校长,由关麟征升任校长。

1947年,孙立人在台湾奉命训练新军,决定在凤山成立陆军军官学校第四军官训练班,直属成都本校,这便是通常所说的第十分校。1949年12月,中国人民解放军占领成都,学校停办,共办23期。

黄埔分校

自黄埔军校创立后,曾最先在黄埔岛内设立平岗分校、蝴蝶岗分校、在广州市区内设立省分校。这些分校纯属移驻学生分区上课,并无专门的分校组织机构,实际上不是分校。

正式建立的分校,应该从1925年的潮州分校开始,继而在1926年—1927年间,在广西南宁、湖南长沙、湖北武汉增设分校,因地取名。

在1925年3月,黄埔军校学生军第一次东征攻克潮汕筹设潮州分校开始,截止到1936年4月成都分校开学,黄埔军校所设立的分校有潮州分校、武汉分校、长沙分校、南昌分校、南宁分校、洛阳分校、广州分校、成都分校八个分校。抗战前的八所分校,并非开办后就一直办理,它们的历史任务结束后,则予以停办。

潮州分校在1925年11月12日开始正式招收学生。12月10日任命何应钦为分校校长兼教育长。1926年4月1日教育长改由邓演达担任。6月1日,第一期学员毕业。6月6日第二期学生入校。12月底期满毕业后该分校停办。

武汉分校成立于1926年10月27日,以武昌两湖书院为校址,接受本校第五期政治科学员入校12月抵达武昌,并在本地招收新学员。1927年7月分校结束。1929年4月,钱大钧再次于武汉建立分校,共教育第七、第八两期学员。其中第七期顺利毕业,第八期于1932年3月并入本校学习。该校于此时结束。1936年1月复组该校。

洛阳分校是1933年12月成立,学员大多系东北军没受正规教育的军官,校址设汉中,分校主任为祝绍周。

长沙分校于1927年2月成立,校址长沙小吴门外教厂坪。校长石醉六,教育长余范传，共产党员夏曦担任政治部主任，政治教官绝大部分是共产党员或国民党左派。1927年南京国民政府讨伐唐生智，程潜进驻该分校，将部分分校学生迁往南京本校，其余学生于1928年5月毕业。毕业后该分校停办。

广州分校于1927年成立（原燕塘干部学校）。1931年改称广东军政学校。1936年7月23日改称广东分校。

广州南宁分校建立于1926年春。校长俞作柏，教育长萧越。第一期学生受训18个月，分步兵、工兵、炮兵三个科目。

抗日战争爆发后，黄埔军校一共设立了九所分校，原来的洛阳分校改名为第一分校。武汉分校早已停办，民国26年冬天在武昌南湖成立第二分校，后迁往湖南武岗。第三分校成立于江西瑞金。第四分校，原为广州分校改名。第五分校成立于昆明。第六分校成立于南宁，原为南宁分校。第七分校成立于西安。第八分校成立于湖北均县。第九分校成立于新疆迪化。

抗战期间的各地分校设备规模，均较扩大，西安的第七分校，尤为突出，各地青年学生在第七分校受训的，有25000多人，学员也有10000多人。其次是第四分校，青年学生受训为军官者有15000余人。这种现象反映了当时广大中国青年的爱国精神和为抗日救国牺牲奋斗的伟大表现。

抗战期间，长江以北的分校有第一、第七、第八、第九四个分校，第一分校训练毕业学生7385名，毕业学生（短期各班队学员）7413名。第七分校训练毕业学生25015名，毕业学员10927名。第八分校训练毕业学生2289名，毕业学员3442名。第九分校地处边疆，情况复杂，训练毕业学生1044名。

抗战期间，长江以南分校有第二、第三、第四、第五、第六、五个分校，第二分校训练毕业学生15004名，毕业学员（短期各班队学员）9513名。第三分校训练毕业学生7430名，毕业学员5961名。第四分校训练毕业学生15373名，毕业学员5079名。第五分校训练毕业学生6540名，毕业学员2480名。第六分校训练毕业学生10813名，毕业学员7081名。

中国人民抗日军政大学

抗日的军校

抗日军政大学的前身是中国工农红军大学。中国工农红军大学是土地革命战争时期，中国工农红军培养和训练军事、政治、专业干部的学校。1936年6月，中国工农红军大学在陕北瓦窑堡开学。

1935年11月，红一方面军原干部团与陕北红军军事政治学校合并组成中国工农红军学校，周昆任校长，宋任穷任政治委员，袁国平任政治部主任。1936年2月，中央军委决定，将中国工农红军学校扩建为西北抗日红军大学，周昆任校长，袁国平任政治委员，莫文骅任政治部主任，郭化若任训练处长。6月，中国工农红军大学正式成立，毛泽东任校教育委员会主任兼政治委员，林彪任校长，罗瑞卿任教育长，莫文骅任政治部主任，刘亚楼任训练部长。1936年10月，红一、红二、红四方面军胜利会师，三个

中国抗日军政大学

方面军的红军学校分别编入中国工农红军大学。1936年12月，林彪任红军大学校长兼政治委员，刘伯承任副校长，罗瑞卿、刘亚楼先后任教育长，傅钟任政治部主任。

1937年1月，中国工农红军大学第一校迁到延安。芦沟桥"七七事变"后改名为"中国人民抗日军事政治大学"，简称"抗大"。抗大是中国共产党培养抗日军政干部的学校。毛泽东兼任"抗大"教育委员会主席，林彪任校长，罗瑞卿任副校长。

"抗大"的教育方针是：坚定正确的政治方向，艰苦朴素的工作作风，灵活机动的战略战术。毛泽东还亲自为"抗大"制定了"团结、紧张、严肃、活泼"的校训。"抗大"第一期的学员约300人，他们都是从中国共产党所领导的军队中抽调出来的干部，其中有的担任过军、师长等职务，具有丰富的战斗经验。从第二期起，由于"西安事变"和平解决，学员人数激增（其中包括来自全国的几百名知识青年），汇成具有1000多名学员的学校。从第三期起，学校成立了军事队，加强了军事教育和军事生活。随着人员的增加，校舍困难。三期学员自己动手，在半个月内挖掘了170多孔窑洞，开辟出近千人的校舍。第四期学员人数增加到近5000人。

毛泽东在"抗大"成立三周年时说过："'抗大'是抗日的，'抗大'的目的是要打倒日本帝国主义，彻底解放中华民族。"随着抗日根据地的发展，为了使"抗大"教育更能适应抗战的需要，1939年7月中共中央决定"抗大"总校分批从延安挺进敌后，经过晋察冀进入太行山区办校，1945年后"抗大"总校迁往东北，改建为"东北军事政治大学"。在敌后艰苦复杂的环境中，"抗大"教职学员经常参加反对敌人扫荡的战争，并克服各种物质生活上的困难，受到了很大的锻炼。

在艰苦的抗战中壮大

"抗大，抗大，愈抗愈大"，在1938年底至1945年春，"抗大"先后在晋东南、晋察冀、山东、延安、淮北、苏北、晋绥、淮南、苏中、鄂豫皖等抗日根据地建立十个分校和太行、太岳分校。"抗大"有教职员共1000余人，其中包括校务部、训练部和政治部等各方面的干部。全校学员最多时有1万多人，其中有女学员1000多人。女生队除了一般的军事政治教育之外，还有妇女问题和妇女运动等科。

中共中央军委《关于整理抗大问题的指示》中指出："学校一切工作都是为了转变学生的思想。政治教育是中心的一环。"还提出教育知识青年的原则是：教育他们掌握马克思列宁主义、克服资产阶级小资产阶级的思想。教育他们有纪律性组织性，反对组织上的无政府主义与自由主义。教育他们决心深入下层实际工作，反对轻视实际工作经验。教育他们接近工农，决心为工农服务，反对看不起工农的意识。全校师生都遵循这些原则，努力用马克思列宁主义、毛泽东思想改造自己的世界观。

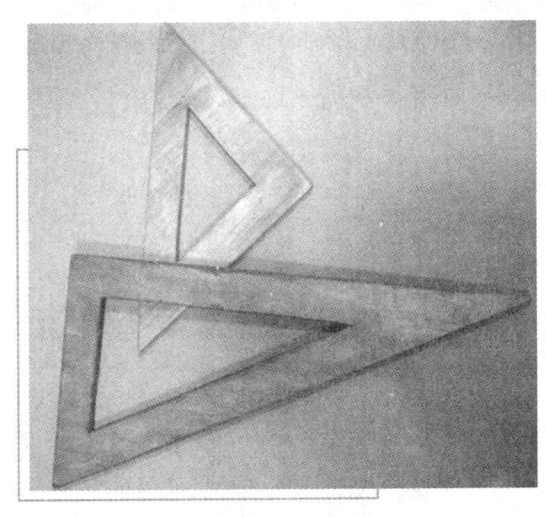

"抗大"教员自制的三角尺

"抗大"的政治教育内容有哲学、政治经济学、社会发展史、中国革命运动史等基本理论，还有国内外形势以及统一战线和党的路线、方针、政策等教育。政治教育是"抗大"教育的中心。"抗大"不仅重视政治教育，也同样重视提高学员的军事素养，根据不同对象，组织他们学习毛泽东军事思想，进行近战、夜战和射击、刺杀、投弹等战术技术训练，掌握灵活机动的战略战术。

1939年深入敌后办学之后，"抗大"各分校，更是一边学习，一边战争，在战争中学习战争。经过实际的锻炼，使许多青年入校之后，很快就成长为能文能武的干部。

"抗大"把培养学生"艰苦朴素的工作作风"和"团结、紧张、严肃、活泼"等优良传统作风，作为教育训练必不可少的重要内容。在敌人封锁，物质生活十分艰难困苦的情况下，"抗大"师生一手拿锄，一手拿枪；一面学习，一面生产，自己动手，开荒种地。

"抗大"的教育方法是："少而精原则"、"理论与实际联系"、"军事、政治、文化并重"、"集体研究讨论"、"互相帮助学习"、依照"教育计划"学习等等。

"抗大"每期学习期限为四至八个月。在军事队中，军事技术战术训练和军事操课时间占全部学习时间三分之二，政治课占全部时间三分之一。在政治队中，政治课占三分之二，军事课占三分之一。

抗日战争时期，"抗大"先后培养了20多万军政干部，其中有身经百战、统率千军万马的八路军、新四军将领和各级指挥员，也有深入敌后带领群众开展斗争的各级干部。这一大批干部对于中国人民子弟兵的发展壮大，对于取得抗日战争、解放战争的胜利，都做出了重大的贡献。抗战后，各大战略区以"抗大"为基础，先后成立了军事政治大学，其中大都转为现在的军事院校。

西点军校

西点军校的开办

西点军校是美国历史上最悠久的军事学院，全称为美国陆军军官学校，又称美国军事学院。因校址在西点，人们习惯上称美国西点军校，简称西点军校。该校是美国培养陆军初级军官的学校，创建于1802年。由于建校历史久远，设备先进，师资力量雄厚，多年来建立起了一整套独特的教学体系，以培养有品格的领导人才、保国卫民为宗旨，两百年来为美国栽培了众多杰出的军事指挥员，许多毕业生都成为历史上的知名将领。因此，西点军校获得了美国陆军军官摇篮的美誉。

西点军校的历史可以追溯到美国的独立战争。在那次战争中，贯穿南北的贸易、交通、军事大动脉哈迪逊河，成为当时美国和英国殖民者为掌握战争主动权所争夺的控制焦点，而地势险要的西点自然成了美军防御的战略要地。为了阻止英国军舰进犯，美军在此设防，用铁链封锁河面，并给英军以重创。

独立战争时期，美国大陆军缺乏训练有素的军事工程技术人员，总统华盛顿等不得不依靠外国专业军事技术军官。对此，美国的创建者们非常担忧。独立战争胜利后，战争的经验教训使以开国元勋华盛顿为首的一批领导人和政治家意识到，必须建立一所自己的军事院校，以培养为战争这门艺术服务的职业军官和军事技术人才。华盛顿强调："创办这所学校，是美国发展的头等大事。"

西点军校

1802年，美国第三任总统詹姆斯·杰弗逊下令在西点建立一所正规的军官学校。之所以选择西点，是因为这里曾是独立战争时期的战略要塞，当年由外国军事工程师在这里设计修筑了大量的坚固工事，正好可以充当学生的教学实物，同时，杰弗逊也希望硝烟尚存的战争遗迹可以让学生体会到建国先辈们的艰苦经历。1802年7月4日，美国独立纪念日这一天，美国历史上的第一所军校——西点军校宣告成立。首批学生12人，第一批毕业生仅有塞那、约瑟夫·戈登纳·斯威夫特和西蒙·列维三人了。

严格的入学考试

西点军校以严格的入学考试著名。第一次世界大战后，1903届毕业学生道格拉斯·麦克阿瑟出任西点校长。他提出了"应着眼于不断变化的世界，着眼于复杂的未来，着眼于军事技术和装备的不断现代化"的原则，大大开阔了美国军事教育事业的视野，使美国军事教育实践开始由面向国

内问题转向世界性问题，把传统的西点军校带进了现代化的20世纪。

西点军校从成立第一天开始，就把培养第一流的军官作为办校宗旨。从学生的入学选拔开始就严加要求。麦克阿瑟曾这样评价西点的培养目标："我们需要的是战场上的狮子，要知道由一头狮子带领的一群羊，将战胜一只羊带领的一群狮子。"

公开招考合格人才，是西点办学的原则之一。在20世纪末21世纪初，该校每年招生约1400人，基本条件是：凡报考该校的青年，必须是美国公民（除盟军学生外），年龄在17—22岁，身高1.68—1.98米，不论种族、肤色、宗教信仰和性别。但事实上，西点长期坚持收录男性公民，自1976年7月初起，按总统法令规定，才开始招收女学生。首批为119名，90年代增至800余人，占学生总数的1/6。

报考学生必须在高中学习时成绩名列本班前茅，身体健康，具有一定的组织领导才能，有所专长和业余爱好，出类拔萃。还有一条不成文的要求："谁要是在中学没有当过班长或者排球队的队长，就不必提出来西点的入学考试申请。"被录取者应具有强健的体质，能参加有关项目的体育比赛。考生在参加考试的前一年，还必须得到美国总统、副总统、参议员、众议员、州长、市长或部队主管的推荐。获得正式报考资格的青年，还必须参加并通过国家统一组织的大学入学考试。然后，各军种学生入学资格评审委员会从德、智、体等方面全面衡量，择优录取。

每年这所严格的军校吸引了许多十几岁的年轻人来报考，但是录取率通常只有1%。在美国，西点军校的考取难度可与哈佛相比拟，有人评论说仅有的区别是：哈佛的考生，富家子弟多了一些；而西点的考生，平民子弟比率大一些。但考上它们之间的任何一座学校，都有着同样的荣耀，同是未来的拔尖人才。军校公开宣言："谁来到这儿，谁就会知道，他将来可能不会成为百万富翁，但是他将为了全民族的伟大事业而献身。"并许诺，经过西点的教育，毕业生肯定能达到重点大学的学历水平。

西点军校学生自入校之日起，就要进行严格的检验与筛选，实行优化与淘汰制。这一切是从1843年起就由国会以法律的形式明确下来的，从而保证了学生的高质量。每个学生在考入西点前都要做好被淘汰的思想准备和相应的保证。其父母也应充分保证做好工作,不留后患。实际上,第一学年新生淘汰率为23%,最终能学完四年毕业的学生约占入学总人数的70%。2006年度共有861人获得毕业证,占该届入学人数的72%,另外28%的学生未能获得毕业证。从录取到毕业,学校的管理就是法制化,铁面无私。西点军校能够获得崇高的荣誉,能够培养出众多的优秀军事人才,这和它那近乎残酷的训练和高淘汰率分不开。

近于残酷的训练

西点校园就是一座兵营,学生们都穿着军装。初来乍到的新学生,无不在这里强烈地感受到西点的荣誉和它对国家所承担的责任,无不感到生活在一种追求荣誉、竭尽职责和为国献身的气氛中。新学生进入西点,首先要遵守塞那创建的"荣誉制度",即"每个学生决不能撒谎、欺骗或盗窃,也不容忍其他人有此类行为"。这是培养学生忠诚、正直的主要方法,其实质是强调"自我约束,自我完善"。

纪律是西点军校的基本原则,日复一日,年复一年,整个四年的军校生活都是如此。对违反学校规定的一切行为,西点毫不留情,轻则记过、

西点军校学生在训练

罚步操，重则关禁闭、开除。西点军校的无监视考试制度，就是西点道德标准的范例。

西点不培养头脑简单的武夫。学校的任务是通过四年的训练，使每个毕业学生都具备一名职业军官所需要的性格、领导才能、智力基础和其他方面的能力，以便模范地效力于国家，在战争中成为军中栋梁。学生办理入学注册手续后，就开始进行六周的学生基础训练，又称为由老百姓变成军人的过渡训练，学生们则把它称为"野兽营"。教官对那些已经筋疲力尽的学生，歇斯底里地叫喊着："只有那些深刻感受到想誓死为国家服务的人，才能完成这里的学业。"

训练充满严峻挑战、高度竞争和快节奏。第一步是队列训练。各种步伐操练，天天都反反复复地做，人人都像机器人一样，穿同样服装，迈同一步伐，说的话只有简短有力的两句"Yes Sir"和"No Sir"。

第二步是严格的日常生活管理。每天早上6时，起床号一响，所有学生必须立即起床，出早操，整理内务，然后必恭必敬地立正，恭候高年级学生和教官的光临。

从个人着装与仪表，到宿舍卫生，都要做得完美无缺。开饭的军号吹响后，4000余名学生齐步走向同一个大饭堂进餐。学生按行政班、排名次落座，就餐时由服务人员送餐，井井有条。一声"开饭"口令过后，才能进食。用餐时，不许喧哗，听不到杂音。6分钟上饭，24分钟吃完饭，他们必须在规定时间内吃下盘子里的热狗、豆子和巧克力蛋糕，一秒钟也不能拖延，时间一到就收餐。吃完早餐后，从7时半到12时全是上课时间，中间不休息。午餐、午休时间一共只有50分钟。下午要进行2小时的体育锻炼。晚饭后，休息50分钟就得上晚自习。所有学生必须到23时才能熄灯睡觉。每天夜间只能休息七个小时，还常常搞夜间紧急集合。在这里，要小聪明、发脾气是绝对不允许的。这种强烈的快节奏生活，将伴随学生们度过四年。

第三步是野外训练。训练在西点后山的山谷村进行。这里有茂密的山林，有各种训练场和障碍物。在这里，新学生的淘汰率高达30%。有不少新学生因经受不起野营训练的艰苦而中途退学。在野营中，人人都身着伪装训练服和战斗靴,住在帐篷里,一举一动都充满着实战气氛。每天都是野外强行军。直到这时,学生们才真正体验到了西点军校的军事生活。

基础训练对每一位新学生都是一次巨大的考验。对那些平常浪荡惯了的高中毕业生来说,这里简直就是监狱。他们一定认为自己选错了路。这里除了军乐和国歌以外,就再没有别的音乐。没有啤酒,没有吉他,没有录像机,电视机总算有,但必须在大厅里集体收看。一切都很苦,一切都很严,但每名通过基础训练的学生都无比自豪,因为他们明白"西点"本身就是强者的代名词,他们和历史上那些风云人物已经是同学。

从第二学年开始,学生们就必须接受各种军事训练:步兵巡逻,长途行军,轻武器射击,格斗,登山,潜水,工兵作业,野战通信,救护,野外生存,战地侦察,等等。夏季,学生还要到肯塔基的军事基地学习坦克作战和防空兵作战。防原子、防生化技能,也必须在第二学年掌握。

到了第三学年,训练生活趋于多样化。学生将进行历险性训练。历险性训练共有四项,学生可任选一项:1. 到巴拿马进行热带丛林作战训练;2. 到阿拉斯加北部进行野外滑雪作战训练;3. 参加特种部队,进行突击作战和空降训练;4. 到科罗拉多空军学校进行驾驶直升机和野外生存训练。

西点军校的训练堪称"残酷"

还有一些学生则结合专修的外国语言到有关国家作旅游式参观考察。学生可分到西欧、阿拉斯加、巴拿马、夏威夷或美国本土的各军事基地任见习排长。

第四学年,学生成为高班生后,就成了塞那学生队的大小"头头",可以显示一下领导才干。有的当管理4000名学生的"队长",有的担任48名学生的排长,有的则当"参谋"军官。他们既要体验当指挥官的滋味,又

要学会如何带兵。

声名显赫的毕业生

学生经过四年的严格学习毕业后，获理科学士学位，授陆军少尉军衔。学生毕业后，至少应在军队连续服役5年和3年的后备役。学生在校期间，四年课程及住宿均免费。开支主要由国会拨款支付，每月可领取津贴。一年级学生每月70美元，到四年级每月可达200美元左右。经过这几年的艰苦学习和训练，这些少男少女被塑造成了"有自己强烈个性的指挥官"，即使没有别人监督，他们也能做正确的事情。

毕业这一天终于来临了。此时美国政府已经在每位学生身上花费了90.476万美元。在未来的战争中，美利坚合众国对这些第一流的职业军官深寄厚望。这些学生也确实在西点的培养下，成为军中精英和社会强者。

度过了1440个艰难的白昼和黑夜后，即将毕业的学生们排着整齐的队伍，面对星条旗庄严宣誓：珍惜校荣，为国效忠。在隆隆的礼炮声中，校长把一枚枚西点军校的校徽授予毕业生。校徽上镌刻着一只目光炯炯的山鹰，一顶闪闪发亮的钢盔，一柄寒光逼人的短剑。还有一行醒目的大字，那就是闻名于世的西点校训"国家·荣誉·责任"。此时，激动的学生们以传统的抛帽方式庆祝自己学业的完成，庆祝自己从此走上了辉煌的军旅生涯。他们在这里接受训练，他们从这里走向战场。

西点军校成立以来，培养出一大批为人们所熟识的美国军政领导人才，将星闪烁。其中有3700多人成为将军，2人成为美国总统（格兰特和艾森豪威尔）。据统计，美国陆军中超过40%的将军是西点军校的毕业生。从南北战争到海湾战争、伊拉克战争，西点毕业生都留下了身影，创造了耀眼的业绩。1902年，西奥多·罗斯福总统在西点百年校庆时说："这整整一个世纪中，我们国家其他任何学校，没有像它这样在刻有我们民族最伟大公民的光荣册上，写下如此众多的名字。"此后又过去了风云变幻的一百多年，西点军校宝刀不老，依然辉煌光荣。

翻开美国的军事史，没有哪一页没有留下西点毕业生的伟业。可以毫不夸张地说，凡是有美国参与的战争，就一定有西点军校毕业生的身影。

第一次世界大战中，西点军校在美国军界的地位依然显赫。美国远征军总司令约翰·丁·潘兴将军，以及当时美国38支参战的部队中，有34支部队指挥官是西点军校毕业生。

第二次世界大战中，西点军校毕业生再次脱颖而出，扬名欧陆，名望可谓达到巅峰。北非的沙漠，西西里的群山，欧洲的大平原，太平洋的荒岛……处处都可见西点生在战场上叱咤风云，涌现出了一大批像德怀特·艾森豪威尔（战时任欧洲美军兼盟军总司令）、道格拉斯·A·麦克阿瑟（美军太平洋总部最高司令）、乔治·S·巴顿（第3集团军司令）、奥马尔·布莱德雷（第1集团军司令）、阿诺德（陆军航空兵司令）、史迪威（中印缅战区总司令）等高级将领。还有安东尼·麦克阿利夫、麦克斯韦尔

西点军校优秀毕业生巴顿将军

·泰勒等人，都再次使西点生确立了在美国军界的杰出领导地位。这些西点军校骄子在战场上打得轴心国部队闻风丧胆，为世界反法西斯战争的胜利立下了赫赫战功。1946年秋季，受英国首相丘吉尔表彰的最杰出的30名美国将军中，有21名是西点军校的毕业生。布莱德雷和后来的总统艾森豪威尔所在的班级164名学生中有59人成为美军将领，因此这个特殊的西点班也被称为"将星之班"。

二战结束后，西点继续为美军输送着一批又一批指挥官：詹姆斯·范弗里德、李奇微、威廉·威斯特摩兰及阿布拉姆斯等人相继指挥了朝鲜战争和越南战争。克拉克、李奇微被困朝鲜战场，威斯特摩兰陷入越南战争不能自拔，这不能不说给西点的辉煌平添一抹暗淡的色彩。

20世纪90年代，当烽烟又在中东荒漠升起时，美军驻海湾总司令施瓦

茨科普夫将军又重新树立了西点军校的名声。"沙漠风暴"中扬名世界的美军中央司令部司令诺曼·施瓦茨科普夫也是西点生。前国务卿黑格、陆军部长托马斯·怀特等都是西点校友。

桑赫斯特皇家军事学院

老牌军校

英国皇家桑赫斯特军事学院，是英国培养初级军官的一所重点院校，也是世界训练陆军军官的老牌和名牌院校之一。其前身是1741年建立的伍利奇皇家陆军军官学校（仅培养炮兵、工兵和通信兵军官）和1802年建立的桑德赫斯特皇家军事学院（培养陆军初级军官和参谋人员）。1940年两校合并，1947年改为现名。

桑赫斯特军事学院自建校以来的260多年历程中，培养出了大批英军指挥人员。据英国官方统计，1947—1978年，共培养出1万余名英国陆军军

英国桑赫斯特皇家军事学院

◆◆◆ 世界著名军校

官和 40 多个国家的 1100 余名外籍军官。目前英军中 80% 的军官是由这里培训的。仅从 1947 年到 1990 年 12 月，总共培训各类军官学生 23993 名，其中包括来自海外 74 个国家的学生。如 1990 年被正式任命为军官的 776 名学生中，有 317 名获英国大学的学位，56 名为来自海外的学生，68 名为女军官。从这里出来的毕业生，有的战功卓著，有的战死沙场，有的身居高位，有的海外留名。历史上，英国军队陆军参谋长多是由该校毕业生担任。其中，英国前首相丘吉尔以及蒙哥马利、罗伯茨、亚历山大等十多名陆军元帅都是从这里走出来的。

严格的选拔和军事训练

该校学生入校前主要是中学毕业生，经考试合格后入学。个别学生从陆军士兵中直接选拔（每年仅招 5 名），另有少量学生为韦尔贝克学院（培养军事技术人员，1953 年建立）学生。此外，印度、新西兰等英联邦国家的学生也占一定比例。学制开始时为 18 个月，每年 1 月和 9 月两次招生。1955 年 9 月起改为两年制，每年分为三个学期。

被挑选进入该学院学习标准军事课程的学生，来自英国官办和私立学校的约占 33%，来自普通学校的约占 43%，因获得陆军奖学金的男中学生而入学的占 8%，由陆军韦尔贝克学院的 6 年级学生考入的占 12%。

桑赫斯特军事学院为了培训不同层次、不同职位的军队人才，设有预科班、标准军事班、正规职业军官班、大学毕业生标准军事班、妇女军官班等。学院设有标准军事课程、正规职业军人课程、标准研究生课程、皇家妇女队课程和罗阿伦连课程等五种课程，同时还为专业兵、地方军、志愿后备役军官设了一些短期课程。

课程包括军事学科和普通学科两部分。1972 年学校教学全面改革后，课程设置更加突出军事。到 1976 年初，标准军事课程和正规军官职业课程由 12 个月增加到 14 个月。学校的训练目标是：要求学生牢固树立职业军人的志向和报效国家的责任心，养成必备的领导素质、纪律性和使命感，具有强健的体魄和军事基础知识。

标准军事课程学制为 28 周，分两个学期授完，属新生的必修课程，主要学习步兵小分队战术、识图用图、通信、武器操作与使用、队列、三防、急救、后勤、组织指挥以及语言表达能力。从正规部队招来的士兵和从地方招来的中学生，在学习标准军事课之前，必须在陆军教育学院训练班先接受五门普通教育课程和两门高等教育课程的专门学习，获得进入皇家军事学院的文化资格。

正规职业军人课程，是为在皇家军事学院学习时申请终身服役，并在毕业后到部队任职2—4年的军官或在部队任职期间决定转为终身服役并获得推荐的军官开设的，学制为24周。课程主要内容是战略研究、民主社会与军队、国防事务、军事技术、法语或德语、语言表达等，全部讲授理论，目的在于使正规军官对其职业有一个广泛的认识，提高他们出谋划策和表达的能力，使他们接近或赶上大学毕业的军官，为其以后的发展打下坚实的基础。学完正规职业军人课程后，一些经文化考试合格的军官必须进入施里文汉皇家军事学院或地方大学，以取得学位；文化考试不合格的转到特别训练班学习，达到必要标准后才能任职。

标准研究生课学制28周，是为从地方招收的大学毕业生开设的。课程的教学大纲与标准军事课程类同，毕业后不必再学习正规职业军人课程，即被授予中尉军衔。

女军官学院全部招收女学生，1980年并入桑赫斯特皇家军事学院建制，目的在于能充分利用该学院的教学设施。教学大纲的主要部分与男学生相同，着重培养女学生的领导才能。

皇家罗阿伦连课程，是专为未能完全达到正规陆军遴选委员会规定的入学标准的部队生开设的预科班，学制为12周。

培养目标

桑赫斯特军事学院教育训练的目的是：培养合格领导人才，并为军兵种年轻军官提供所需的基础知识，以使他们适于担任初级指挥官。皇家军事学院的办校宗旨是：使军官学生全面了解自己所从事的职业及担负的职责，培养基本的领导和管理才能、纪律观念和责任感，提高身体素质。因此，皇家军事学院的入校训练，并不像美国西点军校那样的"野蛮"，而是

在保持英国绅士风度的前提下,将学生从老百姓向军人转变。如新学生入学后前五周的生活,排得满满的。新学生忙得抬不起头,目的是使自己由老百姓变成军人,组成一个集体。最初的标准是学会理发、擦皮鞋、换装、清扫房间,还要接受不断的检查、训话,等等。这些基础的工作,对刚走出中学校门的少男少女来说,的确是艰苦的锻炼。

英女王检阅军事学院的毕业生

学生要获得荣誉剑、女王奖章是相当难的。最初五周之后,学生感到稍为轻松些。然而体育训练、智力考核,非常严格,并且多样化,既有在教室的听讲、运动场的锻炼,还有在各种地形、不同地区的野外演练。桑赫斯特军校通过这些艰苦的训练,以造就新一代军官。毕业检阅之后,军官学生则成为正式军官,开始了军旅的新生活。

英国陆军桑赫斯特皇家军事学院虽然培育的是初级指挥人员,但它对英国军队和社会的影响是巨大的。20世纪70年代,英国皇家建军宣布:凡是要到正规陆军去就任的军官必须要经过桑赫斯特军事学院的培训。这个规定,表明了这所军校在英国社会的地位。目前,这所军校按照"当好军事领导者"的校训,以英国人的精明细致和英国陆军的自豪,在21世纪再展新的辉煌。

世界军事大观◆◆◆

圣西尔军校

军事天才拿破仑创立的军校

圣西尔军校是由拿破仑始创于1803年,是一所古老而享誉世界的军事学府,其辉煌的历史可与美国的西点军校相比美。

多少年来,圣西尔军校吸引了一代又一代的法兰西热血男儿,成为法国军人心中的圣地。正如法国总统夏尔·戴高乐将军所说,每当提起圣西尔这个辉煌的名字,就使我兴奋不已,它如同一颗享誉世界的璀璨的星辰,吸引着有志的法兰西青年。

17世纪以前,法国军队中的军官都是国王推荐任命的贵族,他们并没有受过专门的军事训练。到路易十四时期,才出现了几个训练从军的贵族子弟的连队。为了让年轻的贵族、绅士们接受严格、系统的军事训练,1751年,国王路易十五在巴黎开办了一所皇家军事学校,现在位于巴黎市中心埃菲尔铁塔南侧的军事学校就是当年皇家军事学校所在地。由于皇家军校开支过大,1776年被迫停办。1777年,在皇家军校所在地开设了培训巴黎和外省优秀青年的贵族子弟连。1784年,一个名叫波拿巴·拿破仑的年青人被选入这个连队受训。1785年8月15日,拿破仑在这里接过少尉军衔的委任状。两年之后,这所军校又因为经费问题被迫关闭。

波拿巴·拿破仑成为法国首席执行官后,面对军队连年征战而缺少优秀军官的情况,十分怀念自己早年的军校生涯,决心建立一所军官学校。拿破仑于1803年1月28日签署法令,决定在巴黎南郊50千米的枫丹白露成立"帝国军事专科学校"。拿破仑还在1805年1月30日将一面绣有"为打胜仗而受训"校训的锦旗授予军校。1808年3月24日,军校迁至巴黎南部凡尔赛宫附近的圣西尔,从此,圣西尔与军校结下不解之缘。

拿破仑在滑铁卢惨败之后,圣西尔帝国军事专科学校于1815年7月16日被取消,两年后又得以恢复,正式改名为"圣西尔军事专科学校"。

 ◆◆◆ 世界著名军校

第二次世界大战期间，军校遭德军轰炸，军校师生随法国溃败的军队迁到法国南方城市爱克斯·普罗旺斯。在纳粹德国占领军的淫威下，1942年，圣西尔军校被迫解散。但与此同时，一所由夏尔·戴高乐将军创办的自由法兰西军官训练学校在伦敦成立，继续为自由法兰西军队培养指挥员。战后，几所战争中成立或保留下来的学校合并为诸军种军事专科学校迁回法国本土。由于圣西尔军校的校舍在盟军为解放巴黎而实施的轰炸中被夷为平地，新校址便选在距巴黎300多千米的西部城市雷恩市郊外。1961年，诸兵种军事专科学校一分为二，其中以军队士官和士兵为招生对象的部分成为"诸兵种军事学校"，以地方考生为对象的部分称"圣西尔军事专科学校"。圣西尔军校的名称和传统又一次得到恢复。圣西尔军校历尽沧桑，几经变迁，已经走过了二百多年的历史。

走在国庆阅兵式最前面的方队

圣西尔军校属于法国国家重点高等院校，是专门为法国陆军各兵种培养初级指挥员的学校。目前，圣西尔军校共有教职员工900人，学员2000人，另有士兵800人。该校下设参谋部、军训部、教研部和学员部。军训部设有战术研究、体育训练等专业教研室，负责学员的专业军事训练；教研部设有人文科学、自然科学、经济学和语言学教研室及教学保障机构，负责学员的文化学习和教学保障。学员按年级编成三个学员营，营以下又分为若干队。招生对象是17—22岁的法国男女青年。理工科和文科考生在通过国家高中统一会考后，必须再经过两年大学预科的学习或圣西尔专科预备学校的学习；经济科的考生则必须已经在大学完成两年基础课的学习；而学校每年还将招生名额的15%留给已经完成高等教育第二阶段课程并已考入高等工程学院的在校大学生。由此可见，圣西尔军校的考生均已经达到国家普通高等教育水平，学员的入学起点相当高，招生条件非常严格。

考生的入学考试十分严格，分笔试、口试和体育测试三部分。近几年，每年投考圣西尔军校的学生近千人，而学校仅招收新生180名左右，录取率不足20%，竞争相当激烈。圣西尔军校还招收一定数量的外国军事留学生。过去，该校的外籍学员主要来自非洲国家，近几年随着国际形势的发展变

化，还招收俄罗斯等独联体国家和中东国家的军事留学生。

圣西尔军校过去的学制为两年。1983年始，学制改为三年，主要加强军事训练。

第一年，以军事训练为主，主要培养学员的军人养成，并使其初步具备军事指挥员的基本知识和体能。训练分为三个阶段。第一个阶段为一个月的单兵基础训练；第二阶段四个月，与其他军校地方新学员一起，在科埃基当军营进行分队训练，学习战术，即培养排长的训练；第三阶段五个月，到部队担任见习排长，学会指挥、训练新兵。然后是一个月的文化知识学习，最后到位于蒙—路易—科利尤尔的国家训练中心进行一个月的短训。第一学年结束时，经考试合格才被授予准尉军衔，不合格者按普遍义务兵待遇退出现役，并发给国家普通高等教育第一阶段合格证书。

第二年，主要进行文化教育和军事训练。文化课三十周，学员按入校的志愿分别学习文、理、经济各科的专业课程，同时必修一至两门外语。军事训练十周，前四周到国家突击队训练中心集训，然后学习陆军连、排战术和作战指挥，学会跳伞。参加与外军军校共同举行的军事演习，并组织到国外进行一次考察访问。第二年的考试合格者被授予少尉军衔。

第三年，主要是完善和深化各科知识。教学的重点是培养学员的主动性、责任感和作为军事指挥员的领导意识和领导能力。文化知识学习时间为三十周，军事训练六周。组织他们到陆军各兵种部队实习锻炼，到海空军、宪兵部队和统帅机关见学，学习诸军兵种协同作战理论，到法属圭亚那进行为期十五天的热带丛林锻炼，还要准备参加国庆节阅兵式。根据法国传统，每年7月14日国庆，都要在巴黎香榭丽舍大街举行盛大阅兵式和分列式。届时，共和国总统兼武装力量最高司令在共和国卫队骑兵护卫下，检阅三军部队，之后登上观礼台观看分列式。走在受阅部队最前面的圣西尔军校的方队。

学校每年都要举行隆重的毕业典礼，向毕业生颁发毕业证书和学士学位证书，同时授予中尉军衔。学员从圣西尔军校毕业后还要到兵种实习学校再学习一年专业，然后分配到部队任职。

圣西尔军校自成立以来，先后培养了6万多名优秀军官，法国陆军几乎

世界著名军校

走在国庆阅兵式最前面的永远是圣西尔军校方阵

所有高级将领都出身于此。拿破仑称该校为"将军的苗圃"。戴高乐将军就是 1912 从圣西尔军校毕业的,并在该校担任过教官。

苏联伏龙芝军事学院

名称由来

伏龙芝军事学院,是苏联最早建立的培养诸兵种合成军队团以上指挥官的高等军事学府,同时也是诸兵种合同战术和集团军战役问题的理论研究中心。该学院创办于 1918 年 12 月 8 日,最早称工农红军总参谋部军事学院(简称"总参学院"),院址在首都莫斯科。学院初建时,苏俄革命成功后立即面临着白俄反动力量的反扑和外国军事力量的干涉。由于当时的红军大部分指战员都是未受过军事训练的革命者,十分缺乏经过严格专业训练的军官。为了改变这种状况,最高统帅部决定在莫斯科成立自己的革命军校，培养苏维埃军事干部。这样，就成立了这所学院。

在这一时期，工农红军军事学院的毕业生成为了红军的骨干力量，表现十分出色，对肃清白俄反动势力和战胜外国干涉军起到了十分重要的作用。其中最著名的学生有恰帕耶夫和切韦列夫。

1921年8月5日，总参学院易名为工农红军军事学院，由图哈切夫斯基元帅担任院长。这年年底，首批101名经过三年制完整学习的学生毕业，他们大部分被任命为师、旅、团的首长和各类军事学校教员，有的则进入国防部、总参谋部及其所属各部局工作。为了表彰学院为培养红军干部所做出的杰出贡献，1922年年初，苏维埃革命军事委员会授予该学院红旗勋章和"红旗军事学院"称号。

1924年，苏联革命军事委员会主席、陆海军人民委员（相当于国防部长）、俄国内战时期的著名英雄、红军缔造者伏龙芝元帅，接任工农红军军事学院院长。伏龙芝1885年出生于吉尔吉斯皮什佩克城（今吉尔吉斯斯坦伏龙芝市），1914年加入苏共，是著名的苏联党务和国务活动家、军事家、卓越的军队统帅和军事理论家。伏龙芝是苏联国内战争中最著名的红军统帅之一，他以苏联革命军事委员会副主席和工农红军参谋长等要职兼任军事学院院长。这样的任命，说明苏联共产党和政府对培养军事干部的重视，也确认了学院在这一重要事业中的巨大作用。

伏龙芝来到学院后，进一步明确了学院的培训目标，健全了院系体制，改革了教学大纲和教学方法，发展了军事科学研究工作。他要求学生不仅要掌握军事技能，还要不断提高自己的思想理论水平。为适应世界军事的发展，伏龙芝首先对学院的组织结构、训练内容、训练方法和训练体

伏龙芝元帅

制进行大刀阔斧的改革。作为杰出的军队统帅和军事理论家，伏龙芝非常重视在军事学术重要原理方面统一认识的问题。他不仅专门撰文指出统一军事学说、统一军事学术基本观点的重要性，而且在统一学院的训练方针、统一作业内容及其实施方法方面做了大量的工作，这为院校教学、部队训练乃至整个武装力量的建设打下了坚实的基础。

1925年10月31日，伏龙芝因病不幸去世，年仅40岁。在哀悼这位深受全院爱戴的院长的日子里，全院人员请求苏联革命军事委员会以伏龙芝的名字为学院命名。同年11月5日，也即庆祝十月革命胜利八周年的前两天，苏联革命军事委员会为了纪念这位功勋卓著的红军领导人，批准了军事学院师生的这一请求，发布命令，决定将这所学院改名为工农红军伏龙芝军事学院，通常简称为"伏龙芝军事学院"。

教学和专业设置

伏龙芝学院的培养对象，主要是团至军级的、具有广泛知识的合成军队指挥员。学生入学条件极为苛刻，必须毕业于诸兵种合成军队高级指挥学校，担任过两年以上营级指挥官职务，具有分队指挥的实践经验，具有良好的战斗素养和政治素养，年龄在38岁以下，军衔为大尉或少校。招生办法是领导推荐、逐个审查、考试入学、择优录取。统考课目为俄语、数学、物理、文学、战术、技术装备等。

伏龙芝军事学院在1931年开设了坦克和炮兵课程，1939年建立了防空系。1941年，学院迁往塔什干，开设了干部培训速成班。1943年，伏龙芝军事学院从塔什干迁回莫斯科，并重新开发了基本系，学制仍改为三年。1947年，学院恢复了研究生制度。学院还先后开设过高级速成班、高级主管人员进修班、特训班和研究生班，负责培养高级指挥人员，后来还专门设立了战役系（1936年该系改建为苏联武装力量总参谋部军事学院），负责训练集团军、方面军两级指挥与参谋人员。

该院在1936年以前培养高、中级指挥人员，1936年起培养诸兵种战役战术指挥员和参谋人员。学院最初不分系，不设教研室。以后教学机构不断完善，到20世纪70年代末，学院设置的主要教学与领导机构有：基本系、函授系、研究生班、战役战术教研室、火箭兵炮兵教研室、装甲坦克和牵引教研室、通信教研室、后勤教研室、空军教研室、马列主义教研室、训练部、政治部和科研部等。

基本系和函授系是该院的两大系，学制均为三年。基本系每年招生近300人。函授系招生人数较多，相当于基本系的两三倍。

伏龙芝军事学院学员

基本系设合成军队、侦察、空降、登陆等专业。开设的主要课程有：合同战术、战役学、战争史、外国军队、马列主义哲学、政治经济学、党史和党政工作、外语、军事心理学、军事教育学、军法学和军队财务管理等。合成军队专业学制为三年。第一学年学习基本战术理论和团攻防战术，第二学年学习师战术和指挥，第三学年学习集团军战役理论和指挥，毕业前两三个月还要学习方面军战役等有关知识。

函授系课程，其设置和进度与基本系相同，但教学过程中主要强调学生以自学为主，学满六个学期后准予参加毕业考试。学院强调全面提高学生的战役、战术和军事技术素养，培养学生成为具有独立思考能力和解决问题能力的优秀合成军队指挥员。训练中强调综合运用讲课、课堂讨论、自学、各种作业、各类演习等多种形式，既提高理论水平又提高实践能力，同时也强调利用现代化设备提高教学质量。

学生毕业后，实行全军统一分配。在校期间，学生一般要晋衔一级，晋职一两级。毕业生下到部队后，职务不低于团参谋长，个别学习优秀者、有指挥经验的可以直接担任团长。成绩优异并荣获金质奖章者，可以在全军范围内任意挑选单位。

"伏龙芝"的辉煌

1991年12月，苏联解体。1992年，学院改名为俄罗斯武装力量伏龙芝军事学院。苏联解体后，根据俄罗斯军队2000年军队改革计划，该院1998年与装甲兵军事学院和"射击"高级军官进修学校合并为俄联邦武装力量合成军队学院。

在俄罗斯武装力量合成军队学院（伏龙芝军事学院）走过的88年历程中，其中在1936年以前，它是苏联红军惟一一所培养军队高、中级指挥员和参谋人才的高等军事院校。在苏联时期，伏龙芝军事学院被称为苏军指挥军官的摇篮，为社会主义苏联培养了数以万计的军官。当红军总参军事学院成立后，伏龙芝军事学院才改为只培养中级指挥和参谋人员。尽管如此，它一直招收的是苏联陆军中受过高等军事教育的营以上军官，然后将它的毕业生输送到部队，担任师、团级指挥职位和参谋职务。

目前，伏龙芝军事学院是俄军的一所合成军队指挥学院。无论过去和现在，该学院都是苏军和今天俄军的军事科学研究中心之一，主要担负合同战斗和集团军战役研究任务。因此，它的影响力不仅是部队指挥官方面，更主要的是它的军事思维影响力方面。一方面，它通过大量的对抗性教学，使学生在具备相当军事素质的基础上，进一步提高指挥方面的素质；另一方面，它的科研环境和教官的理论素质对学生的影响是潜移默化的，使他们在"伏龙芝学院"军事思维的指引下，终生受益。俄军中的许多第一线的军长都愿意到这里任教官，可见这所军事学院的影响力和受益力。

伏龙芝军事学院自创建后，获得了许多的国家荣誉。1934年1月，该院在荣获红旗勋章十二年之后，国家又授予该学院列宁勋章。1943年伏龙芝军事学院再获列宁勋章，1945年获苏沃洛夫勋章，1978年获十月革命勋章。

建院以来，伏龙芝军事学院为部队培养了数万名诸兵种合成军队军官。在苏俄卫国战争爆发后的两年半时间内，从本学院直接去前线的将军和其他军官学生有6000名以上，其中包括在高级首长进修班毕业的许多高级将领。苏德战争时期，该院为部队输送了11000多名指挥员和参谋人员。毕业于该学院的著名将领很多，如巴格拉米扬、朱可夫、崔可夫、科涅夫、格列奇科、马利诺夫斯基、沃罗诺夫、比留佐夫、罗科索夫斯基等，后来都成为苏军统帅和高级军事首长，是享誉世界的著名军事家。伏龙芝军事学院为苏联武装力量培养了大批军事人才，它的毕业生成为苏联军队的中坚

曾在伏龙芝军事学院深造的八路军副总参谋长左权

力量，在战争与和平年代起到了巨大的作用，因此伏龙芝军事学院也成为世界上最有盛誉的著名军校之一。

学院还为其他国家军队培养指挥干部。该学院与中国人民解放军的关系也很密切，著名的刘伯承元帅、八路军副总参谋长左权将军、原空军司令员刘亚楼上将、原高等军事学院副院长杨至诚上将等，都曾到伏龙芝军事学院留学深造。从1997年起，中国人民解放军逐步扩大与俄军的军事交流，逐年向该院选派军事留学生。近年来，该学院与中国一些重点军事院校开展了较为频繁的互访活动，有利地促进了两国军事科学研究成果的交流和军队建设。

经典战役

平型关大捷

战前准备

平型关大捷是中国共产党领导的八路军第一一五师打的一个漂亮的歼灭战。这个大捷打破了日军不可战胜的神话,给日军最精锐的部队板垣第五师团第二十一旅团一部歼灭性打击,因而大长了中华民族的反侵略志气,打击了日军的侵略气焰。这是中国共产党坚决抗日方针的一次辉煌胜利。

1937年9月中旬,阎锡山要求八路军帮助防守平型关,阻止日军南进。周恩来、彭德怀同意了阎的要求。23日,八路军总部命令第一一五师侧击向平型关前进的日军。

当天,聂荣臻率部赶到上寨,与林彪带领的第一梯队会合了。林彪在油灯下摊开地图,同师参谋长周昆、作战科长王秉璋把平型关周围的地形和初步的作战设想逐一作了说明,征询聂荣臻的意见:这一仗打不打?

聂荣臻考虑到,当前日寇气焰嚣张,友军锐气尽失,这一仗,事关军威民心,非同小可。在洛川会议上,他虽然拥护毛泽东基本的游击战的方针,但还有不放松有利条件下的运动战这一条。因此,他果断地说:"打!为什么不打呢?利用这么好的地形,居高临下,伏击气焰骄纵的敌人,这是很便宜的事嘛。现在不是打不打的问题，而是要在与日本侵略军的第一次交锋中，打出八路军的威风来，给全国人民的抗日情绪来一个振奋！"上寨的夜，寒风刺骨。在平型关侧翼山地打一个大仗的部署，就这样决定下来，并电告了八路军总部。国民党军队方面信誓旦旦地表示要协同作战。

担任平型关正面防御任务的阎锡山部队，还主动将八个团以上兵力的"平型关出击计划"，交给了一一五师，以示"精诚合作"。

9月24日，一一五师在上寨镇小学校的上坪上召开了营以上干部战斗动员大会。在干部会上，林彪宣布了作战部署：独立团、骑兵营绕到平型关东北截断敌人交通线，阻止敌人增援；以三四三旅两个团为主攻，三四四旅一个团到平型关北面断敌退路，一个团作师的预备队。攻击部队全部在平型关东侧山地设伏，准备给敌人以猛烈打击。

聂荣臻元帅

开完会，林彪、聂荣臻又组织与会干部进行了现场勘察。聂荣臻爬上满目秋色的山梁，但见群山之上，婉蜒着古老雄峻的内长城，平型关座落在群山之间。这一带山势不高，但是山连山，峰接峰，利于部队隐蔽。聂荣臻看到，从平型关山口至灵丘县东河南镇，是一条由东北向西南伸展的狭窄沟道，地势最险要的是沟道中段，长约十多千米，沟深十到一百多米不等。这条峡谷古道宽不过三五米，仅容一辆卡车单行，古道两侧，是刀削似的危岩绝壁，再上面是比较平缓的沟岸。在这里埋下伏兵，不愁消灭不了进入伏击圈的日军。

察看地形归来，林彪告诉聂荣臻，据侦察员报告，日军已经进至蔡家峪以东地区，有于明日进攻平型关的可能。他们把情况又作了一番详细地研究，随后用电话下达了出击的命令：三四三旅本晚24时出发，进入距敌预计经过的汽车路仅二三里地的白崖台一线设伏，三四四旅随后开进。

当天晚上，一一五师主力部队从上寨、下关赶到离平型关30余里的冉庄一带，隐蔽集结，进行战斗准备，待机歼敌。天不作美，突然下起了罕见的暴雨，气温骤降，秋寒袭人。林彪、聂荣臻的作战决心毫不动摇：不能贻误来之不易的良好战机，就是天上下刀子也得出击！午夜，部队冒雨向预定地域进发。

作为指挥员，聂荣臻心里系着全师干部战士的安危，密切地关注着部队与山洪搏斗的情况。陈光的三四三旅走在前面，两个团都平安地越过一道激流，走在后面的徐海东的三四四旅只过去了一个多团，剩下的人马却被越来越汹涌的山洪挡住。有几个战士杀敌心切，急于涉过急流，被凶狂的山洪冲走，不幸遇难。

聂荣臻与林彪商量，已经过河的三四四旅一个多团按预定方案使用，没有过河的部队不再强渡，以免不必要的牺牲。林彪同意这个意见。

战斗经过

1937年9月25日，聂荣臻在平型关东侧一个不引人注目的山头上，和林彪一起指挥了威震中外的平型关大战。

雨过天晴，曙色初露。部队经过一夜风雨行军，按预定时间赶到了目的地。聂荣臻站在指挥阵地上，举起望远镜，纵观由平型关至东河南镇那条五千米长的沟道，但见沟道里空无一人，两侧的山崖上，凋零的树木在秋风里瑟瑟发抖，枯黄的草丛上，雨珠闪着寒光。他知道，就在沟侧潮湿冰冷的草木深处，正埋伏着几千颗愤怒的心。

在十里长沟埋伏的，是由杨得志、陈正湘率领的六八五团和由李天佑、杨勇率领的六八六团。徐海东的三四四旅六八七团，奉命隐蔽地穿过沟道通路，占领了东河南以北的高地，以便切断敌人后路。六八八团停止了强渡，作为师预备队暂未开入战地。杨成武的独立团和刘云彪的骑兵营已分别向平型关东北和以东开进，配合主力作战。

林彪单腿跪在聂荣臻身旁的草地上，也在用望远镜观察设伏的阵地和沟道通路。他俩看到部队隐蔽得不露一丝破绽，完全与山峦草木融合在一起，不由得满意地相视一笑。站在一旁的苏静不失时机地举起照相机，拍摄了这两位平型关战斗的组织者和指挥者在前沿阵地指挥的照片。

林彪和聂荣臻在指挥部队作战

抓紧战前的空隙时间，林彪和聂荣臻对前来受领任务的六八五、六八六两个团的领导人讲明敌情：日军前梯队有几十辆卡车载着敌兵已于拂晓前通过老爷庙、关沟，估计已抵达国民党军队防守的山下。由灵丘开进的敌第二梯队现在正经蔡家峪、小寨，向老爷庙前进。六八六团负责消灭老爷庙至蔡家峪一线之敌。六八五团待六八六团打响后，即向进入伏击圈的敌人冲击。

两个团配合，从首尾两端夹击敌人。聂荣臻还简明扼要地强调了一下战场注意事项。两个团的指挥员便疾速地返回阵地。大战一触即发。激战前的战场，出奇地平静。日军要进至平型关前，必走这条十里长沟，而这帮凶狠暴戾、不可一世的强盗只要落入这个有几千伏兵的"巨瓮"，等待他们的将是灭顶之灾！

上午7时许，日军板垣师团第二十一旅团的辎重和后卫部队进入了伏击圈。一百多辆汽车载着日本兵和军用物资率先开道，二百多辆骡马大车拉着九二式步兵炮、炮弹和给养跟随其后，压阵的是骑着高头大洋马的骑兵。日本兵脚穿皮鞋，头戴钢盔，身穿黄呢大衣，毫无战斗准备。山沟里，汽车的马达声，马蹄的得得声，大车的轱辘声，响成一片。聂荣臻从望远镜里清楚地看到那些日本军官神态骄横，麻痹到了极点，连两侧的警戒都不放，他们错误地认为中国军队都是像他们遇见的那些国民党军队一样，一触即溃，做梦也没想到有一支从天而降的八路军队伍在此严阵以待。

伏击部队的报告同时汇集到师部：敌军已经全部进入伏击圈，光沟道里就挤满了一千多名敌人。林彪和聂荣臻立即下达了攻击命令。顿时，沉默的群山怒吼了！满贮深仇大恨的枪弹和迫击炮弹带着啸音飞向敌群，手榴弹雨点般地飞进沟道，炸得日本侵略军鬼哭狼嚎，血肉横飞。日军汽车撞汽车，人挤人，马狂奔，指挥系统一下子就被打乱了。

"敌人很顽固呵！"聂荣臻发现日军正利用汽车作掩护，进行顽抗，并且组织兵力抢占有利地形，连忙跟林彪商量说："这块肥肉块大，不好一口吃掉，得分而食之。"林彪回答说："是这样。部队得冲下沟道公路，将敌人切成几段，分段吃掉它！"他们果断命令部队出击，杀入敌阵地，并指令六八六团团长李天佑派出一个营，冲过公路，抢占在设伏前因怕暴目标而来不及占领的老爷庙制高点，以便两面夹击敌人。

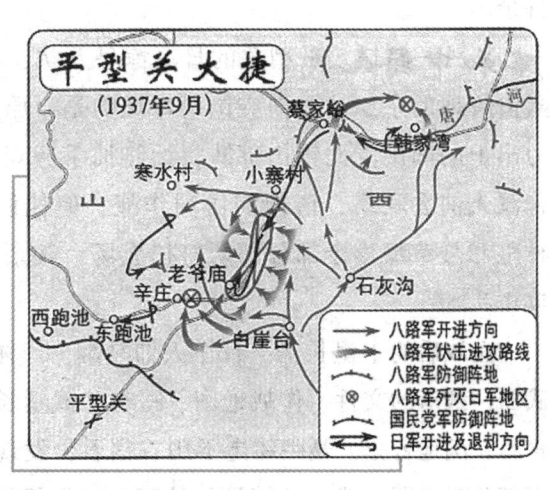

平型关大捷

山谷间骤然响起激昂的冲锋号声和惊雷般的冲杀声。八路军勇士呐喊着向敌人扑去，同敌人展开了白刃肉搏战。战斗进行得异常惨烈。聂荣臻透过望远镜看见那群经过武士道训练的日军虽然失去指挥，被分隔开来，仍然利用汽车和沟坎，进行顽抗。八路军干部战士前仆后继，以更加猛烈的攻势对付顽固到极点的敌人，连伤员也与敌军伤兵扭打在一起，互相用牙咬，用拳头打。六八六团副团长杨勇在激战中负了伤，仍继续指挥部队作战。六八五团一连连长曾贤生，带领战士们冲入敌群，在肉搏中壮烈牺牲。清理战场时，人们发现有位战士与敌人拼刺刀时，双方的刺刀同时刺入对方的胸膛，一齐倒在血泊中。由于敌人的刺刀长，八路军的刺刀短，这位无名的战士定是迎着敌人的刺刀将敌刺死的。

经过一番激战，老爷庙制高点等有利地形全被八路军占领。中午时分，被堵截在辛庄、老爷庙、小寨村一线山谷中的一千多名日军全部被歼灭。八路军缴获步枪一千余支，机枪二十多挺，击毁汽车一百多辆，马车二百多辆。板垣组织的增援部队被独立团和骑兵营阻击在灵丘以北和以东地区，独立团还在灵丘与涞源之间的腰站，击毙了增援的日军三百余名。

从另一路进攻平型关的日军惊恐万状，向原定为国民党阎锡山部队阻击阵地的东跑池方向突围。奇怪的是，原先表示要以八个团以上的兵力出击的国民党阎锡山部队，始终袖手旁观，按兵不动。林彪和聂荣臻曾派人前去联络，请他们协同作战，但他们仍然隔岸观火，无动于衷。林彪和聂荣臻遂令部分部队打扫战场，其余部队乘胜向东跑池之敌发起攻击。

血战后的十里长沟，日军人仰马翻，尸体狼藉。燃烧的汽车，遗弃的武器，散落的文件、作战地图、写有"武运长久"的日本军旗及各种罐头食品，满地皆是。聂荣臻走下山谷察看，发现了一个很严重的问题：八路军部队对日军的武士道精神估计不足。干部战士们仍然用国内战争时期对待白军的办法来对待日军，以为日军被击溃之后一听到"缴枪不杀，优待俘虏"的喊话就会举手投降，其实不然，反而吃了亏。有的战士去背日军的重伤兵，被一口咬掉耳朵；有的战士为躺在地上的日军包扎伤口，反被开枪打死。八路军因此付出了血的代价，教训是极其深刻的。在激战和打扫战场中牺牲的二百多人，多是经过长征的老战士。聂荣臻为他们的牺牲痛惜不已。他当即向打扫战场的部队下达了紧急指示：对于顽抗到底的敌人，坚决消灭！

突然，从离聂荣臻不远的一个山洞里传出几声沉闷的枪声，警卫员阮寿贤急忙拉着聂荣臻闪到隐蔽处。原来，一个日本兵钻进了山洞，不但不投降，还向外打冷枪。几个战士朝洞里射击，总也打不着他。聂荣臻气愤地说："丢手榴弹，炸死他！"随着一颗手榴弹在洞内爆炸，山洞里终于沉默了。

首战平型关，威名天下扬！平型关大捷，震惊中外。这是八路军出师华北前线的首战，也是中国抗战以来打的第一个大胜仗。在"抗战必亡"的谬论甚嚣尘上之时，这一仗一下子就粉碎了"日本皇军不可战胜"的神话，打出了中华民族的志气，提高了共产党和八路军的声威，大大增强了全国人民抗战的决心和信心。而它在军事上的重要意义是，部分地破坏了日军的作战计划，迟滞了日军的进攻，使慌乱败退的国民党军队得到喘息的机会，战线渐趋稳定。

1937年9月30日，林彪、聂荣臻致电毛泽东、朱德、彭德怀，总结平型关战斗获胜的主要原因是：集中使用兵力和采取了突然袭击的作战方式。

台儿庄会战

战役前的淮河血战

1938年1月26日，日军第十三师团向安徽凤阳、蚌埠进攻。日军以为拿下蚌埠已是易如反掌之事，不料进至明光以南，即为李宗仁部署的李品仙的第11集团军和于学忠的第51军，利用淮河、浉河、汇河等地形堵截，双方血战月余，不分胜负。第5战区以第59军军长张自忠率部驰援，进至固镇地区，协同第51军在淮河北岸地区顽强抗击日军。敌军在此停留，竟不能越雷池一步，这大出日军主将畑俊六所料，十分恼怒。于是，畑俊六遂自南京调集援兵及坦克、野战炮等重武器，倾巢来犯。敌人汹汹而来，李宗仁感到硬拼、硬堵要吃亏，待敌援军聚集明光一带时，李宗仁命坐镇蚌埠的李品仙将 31 军于 1 月 18 日自明光全线西撤山区，伺机出击，将津浦路南端正面让开；将于学忠的 51 军南调，布防淮河北岸，凭借险要地形，拒敌越河北进。敌援军以饿狼扑食之势猛扑明光，结果扑了个空，没有捕捉到李品仙的主力。

接着日军攻下定远、怀远等地，但一无所获。此时西撤的 31 军遵李宗仁指示，从敌军左侧向东出击，将津浦路之敌截成数段，围而歼之。淮海前线之敌，后路忽被

指挥台儿庄战役的李宗仁将军

斩断，不知凶吉，费九牛二虎之力将 31 军从津浦线向西压。李宗仁遂命部队采用敌进我退、敌退我进的战术，牢牢地盯住津浦线；此时参加淞沪会战的 21 集团军北调合肥，以其第 48 军固守炉桥地区，第 7 军协同第 31 军迂回攻击定远日军侧后，迫日军第十三师团主力由淮河北岸回援。第 59、51 军乘势反攻，至 3 月初恢复淮河以北全部阵地。第 21 集团军和第 31 军旋由淮河南岸向北岸集中，淮河两岸日军首尾难顾，与中国军队胶着于津浦沿线，从而使日军对淮河流域的进攻宣告彻底破产。

徐州以南地区之战，日军损失达三四千人，中国军队取得了辉煌的战绩，这次胜利，除了中国军队的浴血奋战之外，皖北人民对军队给予了极大的支持。中国共产党领导的抗日武装在淮河流域的阻击战中也起了配合作用。中国共产党领导的新四军也积极配合淮河沿岸李宗仁的部队，阻击日军北犯。

这次淮河血战，虽然没有把北犯日军全部歼灭，却使日军付出了巨大的代价，并将日军迟滞于淮河一线，粉碎了日军预定的"南北夹击"的战

略，迫使日军改取"南守北攻"战略，从北面取道山东，进攻滕县、峄县，造成孤军深入的局面，从而为中国军队在台儿庄歼灭日军造成了良好的战机。

台儿庄会战的序幕

李宗仁在指挥徐州以南阻击北进之敌的同时，又积极阻截华北日军南下。按原定作战方案，徐州以北保卫战，由第5战区副司令长官兼第3集团军总司令韩复榘指挥。韩复榘为保存个人实力，避而不战。12月7日，济南失守，日军由博山、莱芜进攻泰安。1938年1月1日，泰安落入日军华北方军第二军矶谷廉介之手。韩复榘连连丧池失地，致北段津浦路正面大门洞开，使日军得以沿线长驱直入，给徐州会战投下阴影。为此，韩遭到蒋介石枪毙的处置，由孙桐萱代任其职。

为确保徐州地区的安全，李宗仁命孙桐萱部，向运河以东推进，袭击济宁、汶上的日军据点，以牵制敌人主力。孙桐萱部第22师于2月12日晚由大长沟渡运河，14日晚有一小部攀登入济宁城，双方短兵相接，血战数日，终因敌我双方力量悬殊，入城部队伤亡极大，17日晚撤至运河西岸。

与此同时，第12军81师也直取汶上，于12日晚由开河镇渡运河，一部由城西北攻入汶上城内，与日军进行激烈巷战，终因人少势弱，损失严重，13日奉李宗仁之命撤向运河西岸。19日，日军攻陷安居镇，22日突破曹福林第55军阵地。25日，日军突破杏花村阵地，守军被迫撤至相里集、羊山集、巨野一线。但李宗仁在这一线布置大量兵力，不断侧击北段南下之敌，使敌军在这一带徘徊不能南进，暂时稳定了战局。

日军津浦线主力南攻不成，遂改变策略，由少壮派军人板垣征四郎、矶谷廉介率两个师团企图会师台儿庄。日军一旦在台儿庄得手，便可策应津浦路南端日军攻势，一举拿下徐州。

板垣、矶谷两师团，是日军精锐之师，此次进攻，来势相当凶猛，大有一举围歼中国军队之势。日军以七八万兵力，在华北方面第二军司令官西尾寿造指挥下，分两路向台儿庄进发。一路为板垣第五师团，沿胶济路西进，进逼临沂；一路为矶谷的第十师团，该师团沿津浦路南下，直取台儿庄。中国军队为堵截日军前进，在临沂、滕县同日军发生了激烈的战斗，揭开了台儿庄会战的序幕。

2月下旬，日军东路第五师团从山东潍县南下，连陷沂水、莒县、日照，直扑临沂。中国军队第3军团第40军等部节节抵抗。李宗仁派遣庞炳勋部，先在临沂建立防御阵地，以诱敌深入，先挡住日军第五师团的正面攻击，然后迅速调派张自忠将军的第59军，兼程驰援临沂。张自忠部此时远在淮河流域一带，但是在接到命令之后，立刻以最快的速度，向临沂方向增援。此时日军也掌握到张自忠部

在中国犯下滔天罪行的板垣征四郎

的动向，但是日方估计，59军最快也要三天的时间，才能从峄县赶到临沂，所以日军认为可以抢先击溃在临沂弹尽援绝的庞炳勋部，然后再以逸待劳地反击张自忠部，因此日军估算张自忠部不但不能及时赶到临沂成为救援军，反而成为送上门来的"找死军"。但是张自忠却率领59军进行日夜的急行军，这是吃苦耐劳与豪气干云的西北军特质，在军长的一声令下，竟然能够在一日一夜之内，提前赶到临沂。因此59军在敌方完全没有预备的状况下，就有如从天而降般地猛攻日军第五师团背侧，庞炳勋部将士更是拼命地从阵地反击，日军绝对没有想到中国军队竟然会进行这种内外夹攻的拼命打法。因此，在3月14日到18日的临沂决战中，日军第五师团遭到极其惨重的损失，造成日军部队已经无法继续支撑作战，只有先撤退回莒县以困守待援。临沂之战得胜，它砍断了津浦路北段日军的左臂，促成了之后台儿庄会战中，李宗仁围歼孤军深入台儿庄的矶谷师团的契机。

正当板垣败绩累累之际，日军西路第十师团长矶谷仍然武士道精神十足，不顾一切，日益向南推进。李宗仁调来川军邓锡侯第22集团军，孙震的第41军赶往滕县，拒敌南下。孙震部刚在滕县部署就绪，3月14日，矶

谷师团就发动攻击。日军以数十架飞机三十余门大炮狂轰滥炸。3月17日晚，日军配合炮火攻陷滕县。中国守军第22集团军第41军英勇抗击，伤亡甚重，苦战至17日，该军守城的第122师师长王铭璋殉国，伤亡达5000之众。李宗仁见滕县危险，又急令新拨归第5战区指挥的第20军团司

抗日英雄王铭璋将军

令汤恩伯派部驰援。汤的主力81军王仲廉部因行程过远，未能及时赶到，滕县失守。敌军损失也极大，死伤达2000多人。此战，22集团军以劣势之装备与兵力，阻击绝对优势之敌达3天半，为第5战区之后的台儿庄会战争取了有利时间，奠定了胜利的基础。

血战台儿庄

1938年3月20日，日军矶谷师团借攻克滕县之威，在飞机的掩护下，集中四万人，配以坦克、大炮，向台儿庄发动了猛烈地进攻，企图一举攻占徐州。

李宗仁以第2集团军总司令孙连仲率部固守台儿庄，第20军团军团长汤恩伯率部让开津浦铁路正面，转入兰陵及其西北云谷山区，诱敌深入，待机破敌。

3月23日，日军由枣庄南下，在台儿庄北侧的康庄、泥沟地区与守军警戒部队接战。24日起，日军反复向台儿庄猛攻，多次攻入庄内。守军第2集团军顽强抗击，与日军展开激烈的争夺战。日军猛攻三天三夜，才冲进城内。城内中国守军同日寇展开了激烈的巷战。尽管日军占据了全庄的三分之二，但坚守在南关一带的中国守军至死不退，死守阵地，目的是为了外线部队完成对日军的反包围。这是李宗仁早已制定好的作战计划，以部分兵力死守台儿庄，守军尽量拖住敌人，以便庄外的大军将日寇团团围住，

来个瓮中捉鳖。

3月28日，日军攻入台儿庄西北角，谋取西门，切断中国守军第31师师部与庄内的联系。该师师长池峰城指挥，以强大炮火压制敌人，并组织数十名敢死队员，与敌肉搏格斗。汤恩伯军团关麟征第52军和王仲廉第85军在外线向枣庄、峄县日军侧背攻击。29日，日军濑谷支队再以兵力支援，并占领了台儿庄东半部。31日，中国守军将进入台儿庄地区的濑谷支队完全包围。是时，坂本支队由临沂转向台儿庄驰援，到达向城、爱曲地区，侧击第20军团。该军团即命第52军和刚到的第75军围攻坂本支队。激战数日，予日军以重创，使其救援濑谷支队的计划落空。

矶谷师团见救援无望，决定以死相拼，一个个杀红了眼。国民党军队虽以五倍的兵力围攻，并付出极大的伤亡代价，但竟难以将敌人消灭，战争一时呈胶着状态。

4月3日，李宗仁下达总攻击令。第52军、第85军、第75军在台儿庄附近向敌展开猛烈攻势。日军拼力争夺，占领大部分街市。中国军队展开街垒战，逐次反击，肃清敌人，夺回被日军占领的街市。

4日，中国空军以27架飞机对台儿庄东北、西北日军阵地进行轰炸。当晚，日军濑谷支队力战不支，炸掉不易搬动的物资，向峄县溃逃。

4月6日，李宗仁赶赴台儿庄附近，亲自指挥中国军队向矶谷师团发起了全线出击。一直防守遭攻的孙连仲部，听说反击，神情振奋，命令一下，杀声震天。双方便展开了巷战、肉搏战，一时间，台儿庄城内枪林弹雨，血流成河。日军头一次遭到了国民党军队的如此顽强进攻，很快便溃不成军。台儿庄北面，枪炮声渐密，汤恩伯军团已向敌人开火。矶谷知已陷入反包围圈，开始动摇，下令部队全线撤退。此时敌军已成强弩之末，弹药汽油也用完，机动车多被击毁，全军丧魂落魄，狼狈逃窜。李宗仁命令部队猛追，敌兵遗尸遍野，各种辎重到处皆是，矶谷本人率残部拼命突围。

激战四天，中国军队重创日军濑谷支队、坂本支队，其余日军残部于7日向峄城、枣庄撤退。至此台儿庄战役胜利了。台儿庄会战，在李宗仁的亲自指挥下，击溃日军第五、第十两个精锐师团的主力，歼灭日军两万余人，缴获大批武器、弹药，严重地挫伤了日军的气焰，是国民党战场在抗战初期取得的一次大胜利，振奋了全民族的抗战精神，坚定了国人抗战胜利的信念。

淮海战役

战役经过

在1948年9月的济南战役过程中，集结在徐州地区的国民党军三个兵团17万余人，在华野阻援打援部队阵地前面徘徊，不敢北上与华野交战。粟裕认为，这说明敌人是避免在不利条件下与我军打大规模的仗，也说明我军对敌人进行战略决战的有利条件正在逐渐成熟。因此，当济南城内巷战仍在激烈进行，但已胜券在握的时候，就于9月24日7时发电报给中共中央军委，"建议即进行淮海战役"。中共中央军委经过慎重考虑，于9月25日19时复电，同意粟裕的建议："我们认为举行淮海战役，甚为必要。"

淮海战役自1948年11月6日开始，至1949年1月10日结束，共分三个阶段。

第一阶段：1948年11月6日，华东野战军分路南下。8日，国民党军何基沣、张克侠率部两万余人战场起义。10日，我军把磐石兵团分割包围于潘州以东的潘家园地区。经过十天逐村恶战，至22日全歼敌军10万余人，敌兵团司令黄百韬自杀。同时，中原野战军为配合作战，出击徐蚌一线。11月16日，攻克宿县，完成对徐州的战略包围。这时，中共中央军委决定由刘伯承、陈毅、邓小平、粟裕、谭震林组成总前委，邓小平为书记，统一指挥淮海战役。

第二阶段：11月23日，中原野战军在宿县西南的双堆集地区，包围了从华中赶来增援的黄维兵团12个师。28日，蒋介石被迫决定徐州守军作战

淮河战役总前委成员

略退却。徐州"剿总"总司令刘峙撤至蚌埠,副总司令杜聿明留在徐州指挥。12月1日,敌弃徐州向西南逃窜。4日,华东野战军追击部队将徐州逃敌包围。6日,敌孙元良兵团妄图突围,即被歼灭,孙元良只身潜逃。同日中原野战军和华东野战军集中9个纵队的优势兵力,对黄维兵团发起总攻。经过激战,至15日全歼敌12万余人,生俘黄维。此后,为配合平津战役,按照中共中央军委的统一部署,对杜集团围而不歼,部队进行了二十天休整。

第三阶段:1949年1月6日至10日,华东野战军对被包围的杜聿明集团发起总攻,经过四天战斗,全歼邱清泉、李弥两个兵团共30万人,俘获杜聿明,击毙邱清泉,李弥逃脱。

战果统计

淮海战役是解放战争战略决战的三大战役中规模最大的战役,自1948年11月6日至1949年1月10日,历时66天。国民党军先后投入7个兵团、2个绥靖区、34个军、86个师,共约80万人,出动飞机高达2957架次。

解放军参战部队华东野战军16个纵队、中原野战军7个纵队，连同华东军区、中原军区地方部队共约60万人。战役中共消灭国民党军徐州"剿总"前进指挥部及其所指挥的5个兵团部，22个军部，56个师、一个绥靖区，正规军连同其他部队共555099人，约占其参战兵力的69%，其中俘虏320355人，毙伤171151人，投诚35093人，起义改编28500人。国民党少将以上高级将领被俘124人，被击毙6人，投诚22人，起义8人。以上战果还不包括其溃散和逃亡人数。主要缴获有火炮4215门，轻重机枪14503挺，长短枪151045支，飞机6架，坦克装甲车215辆，汽车1747辆，马车6680辆，炮弹120128发，枪弹2015.1万发。

解放军阵亡25954人，伤98818人，失踪11752人，合计136524人。敌我损失比为4.06∶1。武器装备损失计有坦克1辆，山炮、野炮、榴弹炮共34门，迫击炮、步兵炮共219门，掷弹筒26具，轻重机枪1884挺，长短枪14588支，各种炮弹679943发，各种枪弹2014.9万发，炸药

淮海战役烈士纪念塔

（缺双堆集战场统计数字）97025斤。在大决战的三大战役中，淮海战役解放军的伤亡最大，超过其他两次战役伤亡的总和，占大决战总伤亡的53.8%，各种武器的损耗和弹药的消耗也最大，其中火炮损耗占总损耗的48.6%；长短枪损耗占总损耗的69.4%，轻重机枪的损耗占总损耗的61.8%，炮弹的消耗占总消耗的68.7%，子弹的消耗占总消耗的62.7%，炸药的消耗占总消耗的57.4%。歼敌总数则最多，占总歼敌数的35.8%，缴获则最少，淮海战役的激烈可见一斑。

其中华野歼敌约44万，约占淮海战役歼敌总数的80%；华野伤亡约9.1万，约占淮海战役解放军总伤亡人数的67%。

战役总结

淮海战役是解放军在兵力、装备都不占优势的情况下同国民党重兵集团展开的决定性的战略决战,最后以解放军的全面胜利而告终。解放军在兵力、装备都不占优势,战场情况复杂多变的条件下,能取得如此辉煌的胜利,是中央军委、总前委的正确决策,华野、中野的密切配合,指战员的英勇作战,人民群众的全力支援的结果,也是战争史上的奇迹。20世纪80年代,美国西点军校专门派出考察团来到淮海战场旧址进行实地考察,对这一结果的评价是"不可思议"。国民党失败的原因是统帅部的决心一变再变,各兵团互不配合,最主要最关键的原因是国民党政府失去了人心。对于这一战役,作战双方对胜败的原因都进行过总结。

国民党军方面,徐州"剿总"司令刘峙认为此次战役,战略之失败多于战术,战术之失败多于战斗。他总共列举了十三条失误,主要有:对进退大计,迟疑不决,结果临时应战,而不是有计划、有准备的会战,以致形成兵力、态势上的劣势;顾虑长江与淮河防务,结果处处顾虑,处处薄弱,以致分散了兵力;战区间协同不良,兵力转用欠灵活,尤其是黄维兵团未能及早东进参战,失去战机;杜聿明放弃徐州,本属冒险,却不能发挥勇敢果断精神,以迅速的行动击破解放军,以致陷全军于危殆;各部队长个人之间,平时精神上有隔阂,战时不能有效协同,以致虽有大军,也难发挥最大合力。

国民党统帅部战后检讨说:失败的主要原因,乃为战略错误,其次为战术缺乏改进,难以支持战略。其他如持续战斗力之保持,战斗力统合发挥及反情报等方面,均有重大错失。

共产党方面,1949年1月20日粟裕在华野前委扩大会议上指出,淮海战役的胜利,有中央军委、毛主席、总前委的正确领导,后方党政军民的全力支援,各兵团、各兵种的协同作战,到会各同志机动灵活的指挥,全体指战员不辞辛劳的英勇作战。

陈毅在1951年2月11日会见苏联驻华大使尤金时,介绍淮海战役情况,概括说明决战胜利的原因:一是敌人错误判断,认为我们没有力量,不会集中兵力与他决战。二是在战役战术上分批分割歼敌,主要以近战夜战,发挥我们的长处。三是庞大深厚的民力支援,实际上成为五百万对八十万,充分发挥了人民战争的威力。四是战役过程很艰苦,好比钝刀切脖颈,难以一下把敌人歼灭,是靠战士勇敢、献身精神和天才的创造力来完成战略战役上的正确决策。五是发挥了政治攻势的作用,在战役中敌军有五个师起义,一个师投诚。在俘虏政策上,实行原则性与灵活性相结合,对敌人实行分化。在这些原因中,人民的支援才是胜利的根本保证。正如中野在《双堆集作战总结》中所说的,作战中的物资供应,是达到较圆满之要求的,无论在粮食弹药的接济,还是医疗救护等方面,都未感到意外的特殊困难,这是此次作战胜利的有力保障,没有这种保障,要想取得这次作战的胜利,是无法想象的。陈毅对尤金特别强调,五百万支前民工,遍地都是运粮食、运弹药、抬伤员的群众,这才是我们真正的优势。淮海战役的胜利是人民群众用小车推出来的。

淮海战役支前民工

淮海战役是一场真正的人民战争,淮海战役的胜利也真正是人民的胜利。

珍珠港事件

事件背景

日本从1941年开始向东南亚发展，引起了这个地区主要强国的不安。为了给日本一点颜色，美国冻结了对日本的经济贸易，其中重要的是高辛烷石油。没有石油，日本的飞机无法升天，舰艇无法在海中行驶，日本就无法继续对外扩张。

加上日本的石油只能维持半年的时间，日本明白，要么从中国撤兵，停止对外扩张，外交上向美国靠拢。要么自组旗帜，南下夺取战略资源，继续加强对外侵略。南洋有美国、英国、荷兰的殖民地，进军南洋就等于向美英两国宣战。

太平洋上的珍珠港是交通的主要枢纽，夏威夷东距美国西海岸，西距日本，西南到诸岛群，北到阿拉斯加和白令海峡，都在2000海里到3000海里之间，跨越太平洋南来北往的飞机，都以夏威夷为中续站。日本认为先在太平洋上夺取制空权、制海权就意味着南下的道路畅通无阻，必须先摧毁珍珠港，于是日本策划了珍珠港突袭。

日本政府决定占据东南亚的资源作为对禁运的回答。他们假设，假如他们开始行动了，美国肯定不会在一旁袖手旁观。这是山本五十六考虑事前消灭美国在太平洋的力量的原因。

珍珠港事件的策划者——山本五十六

 经典战役

日本联合舰队司令山本五十六袭击珍珠港的海军基地的计划是实现这个战略目的中的一个战略步骤。日本资料显示山本于1941年初开始考虑袭击珍珠港。数月后，在做了一些预先考察后，他被批准开始准备这个行动。

袭击珍珠港的目的是为了消灭美国海军在太平洋上的主力。袭击珍珠港计划的策划者山本五十六认为一次成功的袭击只能带来一年左右的战略优势。从1931年开始日本与中国交战，此前日本占领了满洲。从1941年1月日本开始计划袭击珍珠港以取得战略优势，经过一些海军内部的讨论和争执后，从年中开始日本海军开始为这次行动进行严格的训练。

日本计划的一部分是在袭击前中止与美国的协商。到12月7日为止，日本驻华盛顿大使中的外交官一直在与美国外交部进行很广泛的讨论，包括美国对日本在1941年夏入侵东南亚的反应。袭击前日本大使从日本外交部获得了一封很长的电报，并受令在袭击前（华盛顿时间下午1时）将它递交国务卿科德尔·赫尔。但大使人员未能及时解码和打印这篇很长的国书。最后这篇宣战书在袭击后才递交给美国。这个延迟增加了美国对这次袭击的愤怒，它是罗斯福总统将这天称为"一个无耻的日子"的主要原因。

实际上这篇国书在日本递交美国前就已经被美国解码了。乔治·卡特利特·马歇尔在读过这篇国书后立刻向夏威夷发送了一张紧急警告，但由于美军内部传送系统的混乱，这篇电报不得不通过民用电信局来传达。在路上它失去了它的"紧急"标志。袭击数小时后一个年轻的日裔美国邮递员将这张电报送到了美军司令部。

事件过程

11月26日，日本海军一支由6艘航空母舰为主力的舰队在海军中将南云忠一的指挥下离开日本开往珍珠港。途中舰队保持彻底的无线电静默。除这6艘航空母舰外日本舰队还包括2艘战列舰、3艘巡洋舰、9艘驱逐舰和3艘潜艇。此外还有8艘油轮和2艘驱逐舰只开到北太平洋等候。

12月8日早晨，该舰队的飞机轰炸了瓦胡岛上所有的美军机场和许多在珍珠港内停泊的舰艇，包括那里的战列舰。地面上几乎所有的飞机被摧

毁，只有少数飞机得以起飞和还击。12艘战列舰和其他舰船被击沉或损坏。188架飞机被摧毁，155架飞机被破坏，2403名美国人丧亡。仅"亚利桑那"号战列舰爆炸沉没时就有上千人死亡。

日本参加这次袭击的航空母舰是"赤城"号（旗舰）、"加贺"号、"苍龙"号、"飞龙"号、"翔鹤"号和"瑞鹤"号。这6艘航空母舰共计搭载舰载机414架，其中包括战斗机、鱼雷轰炸机、俯冲轰炸机和水平轰炸机，其中55架被毁。这些飞机分两波攻击。南云中将决定放弃第三波攻击而将主力撤回。

根据当事人报导和后来美国和日本军方发表的军事文件袭击珍珠港的过程如下：

3：42：一美国扫雷艇在檀香山港前发现一个潜望镜。

6：00：距珍珠港370海里的航空母舰"企业"号从370海里外派出18架侦察机飞往珍珠港。

6：10：南云中将得到攻击的命令后下令第一波起飞。日本舰队此时位于瓦胡岛北220海里。

6：20：第一波的183架轰炸机和战斗机起飞飞向珍珠港。

6：30：一艘美国供给船在珍珠港外发现一艘潜艇。这个发现被传递给一艘美国"沃德"号驱逐舰，一架侦查机被遣往当地。

6：45："沃德"号驱逐舰向潜艇发动攻击。潜艇被击沉。

6：53："沃德"号驱逐舰报告攻击潜艇。

7：02：位于瓦胡岛北部的一个雷达站在岛北132海里处发现不明飞机。

7：10：雷达站向空防司令部报告发现不明飞机的消息。

7：15：攻击潜艇的报告到达美军司令部。与此同时167架第二波日本飞机起飞。

7：20：美军空防司令部认为不明飞机是从大陆来的B—17轰炸机，他下令雷达站关闭。

7：40：第一波到达瓦胡岛北岸。

7：49：第一波指挥官下达攻击令。

7：53：第一波指挥官向南云发送"虎！虎！虎！"的消息报告偷袭

成功。

7∶55—8∶25：由鱼雷轰炸机和俯冲轰炸机进行的第一波攻击。

7∶58：美国海军向所有船只发出警告："珍珠港受空袭，这不是演习！"

8∶00：从美国大陆来的B—17轰炸机和从企业号起飞的侦察机同时到达珍珠港，但他们毫无准备，因此无法插手。

8∶02："内华达"号战列舰开始对从右舷攻击的飞机开火。2架飞机被击落。"内华达"号在尾部受一条鱼雷。"内华达"号是唯一试图逃出珍珠港的战列舰，但它多次中弹后不得不在沙滩上搁浅以防止船沉没。

8∶08：KGMB电台中止其节目号召所有军人回到他们的岗位上去。

8∶10："亚利桑那"号战列舰前部弹药库中弹爆炸，"亚利桑那"号在9分钟内沉没，80%船员阵亡。

8∶12：夏威夷最高指挥官沃尔特·肖特向整个太平洋舰队和华盛顿报告："与日本的战斗由一次向珍珠港的袭击开始。"

8∶17：美国驱逐舰"海尔姆"号是第一艘开始对珍珠港内潜艇攻击的美国船只。

8∶26：檀香山的救火队报告3人死亡和6人受伤（可能是被防空炮的子弹击中）。

8∶39：一架水上飞机在港内发现一艘潜艇和对它开火。

8∶40—9∶15：轰炸机的攻击。

8∶40：一艘美国驱逐舰与一艘日本潜艇相撞并开始投深水炸弹。潜艇受伤后上浮。一个地方电台报导日本空袭。

8∶50：第二波攻击指挥官下攻击令。

8∶54：第二波攻击开始。54架轰炸机和78架俯冲轰炸机进行攻击，36架战斗机保护制空权。

9∶00：一艘荷兰的远洋轮是第一个参加战争的同盟者。

9∶15—9∶45：俯冲轰炸机进攻。

9∶30：港外和岛北的船只受到攻击。

从9∶45开始：进攻减弱。

10：00：第一波飞机回到停在岛北180海里的舰队。

11：15：夏威夷总督在电台中宣布整个夏威夷领地进入戒严状态。

11：46：有人报告日军在瓦胡岛登陆。

12：10：美国侦察机飞向岛北但未能发现任何敌机或敌舰。

12：40：夏威夷总督和美国总统同意在夏威夷引入战时法并建立军政府统治。

13：00：日军飞行队队长与南云中将讨论进行第三波攻击的可能性。

13：30：南云下令返航。

16：25：夏威夷总督签署战时法。

事件结果和影响

就其战略目的而言，对珍珠港的袭击从短期和中期的角度来看是一次辉煌的胜利，它的结果远远超过了它的计划者最远的设想，在整个战争史上，这样的成果也是很罕见的。在此后的六个月中，美国海军在太平洋战场上无足轻重。没有美国太平洋舰队的威胁，日本对其他列强在东南亚的力量可以彻底忽略，此后它占领了整个东南亚、太平洋西南部，它的势力一直扩张到印度洋。

从长期的角度来看珍珠港对日本来说是一个彻底的灾难。事实上，计划珍珠港的山本五十六预言即使对美国海军的袭击成功，它不会，也不能赢得一场对美国的战争，因为美国的生产力实在太高了。美国海军主力舰4艘被击沉，3艘受伤。日本的主目标之一是美国的3艘航空母舰，但当时没有一艘在港内："企业"号正在返回珍珠港的路上，"列克星顿"号数日前刚刚开出，"萨拉托加"号正在圣地亚哥维修。世界各地的海军和其他观察家都认为，将美国大多数战列舰创伤击沉是这个战役的最大的成果。没有了这些战列舰，美国海军只有依靠它的航空母舰和潜艇，实际上当时美国海军只有这些舰船了，而这些舰船也是抵抗和后来反击日本的主要力量。后来证明将战列舰摧毁的作用远比预想的要小得多。

最重要的可能是珍珠港事件立刻将一个本来意见不齐的国家动员起来了。它将美国团结起来，一起要战胜日本，它可能也是后来盟军要求无条

◆◆◆ 经典战役

珍珠港事件纪念馆

件投降的原因。有些历史学家认为，不论当时日本只是击中了修理蓬还是击中了航空母舰，对珍珠港的袭击本身就已经决定了日本战败的命运。

斯大林格勒战役

兵力部署

斯大林格勒战役，又称斯大林格勒会战。它是苏军为保卫斯大林格勒和粉碎斯大林格勒方向的德军重兵集团，于1942年7月17日—1943年2月2日实施的一系列战略性攻防战役。

德军在莫斯科会战失败后，被迫放弃全面进攻，于1942年夏在苏德战场南翼实施重点进攻，企图攻占高加索和斯大林格勒，切断苏军的战略补给线。5月，德军在哈尔科夫战役中挫败苏军的进攻。7月中旬，德军"B"

集团军群前出到顿河大弯曲部，逼近斯大林格勒。起初，保卢斯上将指挥的德军第6集团军受领攻占斯大林格勒的任务，该集团军辖13个师约27万人，火炮和迫击炮约3000门、坦克约500辆，由第4航空队（作战飞机近1200架）负责支援。会战中，德军统帅部不断增加该方向的兵力，先后参加会战的还有第4装甲集团军、第2集团军，匈牙利第2集团军，罗马尼亚第3、第4集团军和意大利第8集团军。

德军第6集团军司令保卢斯

苏军最高统帅部为保卫斯大林格勒，于7月12日组建斯大林格勒方面军（司令为苏联元帅铁木辛哥，7月23日起为戈尔多夫中将），辖第62、第63、第64、第21集团军和空军第8集团军，后第57、第51集团军和第1、第4坦克集团军相继编入该方面军。斯大林格勒方面军的任务是，在巴甫洛夫斯克至上库尔莫亚尔斯卡亚520千米正面上组织防御，基本力量集中部署于顿河大弯曲部。方面军开始遂行保卫斯大林格勒任务时仅有12个师16万人、火炮和迫击炮2200门、坦克约400辆、飞机454架，由远程航空兵（轰炸机150—200架）和防空航空兵第102师（歼击机60架）负责支援。方面军在斯大林格勒州人民群众支援下，在城市远接近地构筑两道防御地带，在近接近地构筑外层、中层、内层和市区四道城市防御围廊。先后参加会战的还有东南方面军、西南方面军、顿河方面军、沃罗涅日方面军左翼部队、伏尔加河区舰队、斯大林格勒防空部队。

苏军防御阶段

7月17日，德军发起猛烈进攻。斯大林格勒方面军第62、第64集团军各前进支队在奇尔河、齐姆拉河一线英勇抗击德军六昼夜，迫使其第6集团军展开部分主力，从而赢得了改善基本地区防御的时间。23日，德军开始争夺第62、第64集团军主要防御地带，企图对顿河大弯曲部的苏军两翼实施包围突击，进至卡拉奇地域，从西面突向斯大林格勒。但斯大林格勒方面军第62、第64集团军的顽强防御和第1、第4坦克集团军各兵团的反突击，打破了德军的企图。至8月10日，苏军退至顿河东岸，在斯大林格勒外层围廓占领防御阵地，阻止了德军前进。早在7月31日，德军统帅部即将第4装甲集团军从高加索方向调到斯大林格勒方向，其先头部队于8月2日进逼科捷利尼科夫斯基镇（今科捷利尼科沃市），形成从西南突向斯大林格勒的直接威胁。为防守这一方向，斯大林格勒方面军部分兵力于7日组建东南方面军（辖第64、第57、第51集团军，近卫第1集团军，空军第8集团军，30日起增加第62集团军，司令为叶廖缅科上将），9—10日实施反突击，迫使德第4装甲集团军暂时转入防御。至17日，该部德军被阻于外层防御围廓。

8月19日，德军再度发起进攻，从西面和西南面同时向斯大林格勒实施突击。23日，德军第6集团军第14装甲军在斯大林格勒以北突至伏尔加河，企图从北面沿伏尔加河实施突击并夺取该市。苏军统帅部从预备队中抽调第24、第66集团军，会同斯大林格勒方面军从北面对德军翼侧实施反突击，牵制德军第6集团军部分兵力，阻敌于西北市郊。德军统帅部继续增加兵力，并将主力转移到斯大林格勒方向，力图在最短期限内攻占斯大林格勒。

苏军崔可夫中将指挥的第62集团军和舒米洛夫少将指挥的第64集团军受领了保卫斯大林格勒市区的任务。9月13日，德军攻入市区，次日攻占市中心的马马耶夫岗。巷战中，双方逐街逐楼逐屋反复争夺，对火车站反复争夺达十三次之多。苏军近卫第1集团军和第24、第66集团军9月份在该市以北几乎不停顿地实施反突击，有力地支援了斯大林格勒市区的保卫战。在斯大林格勒以南发动局部进攻战役的苏军第57、第51集团军也牵制了德军的重兵集团。28日，斯大林格勒方面军改称顿河方面军（司令为罗科索夫斯基中将），东南方面军改称斯大林格勒方面军。9月底，德军指挥部命令罗马尼亚第3集团军在斯大林格勒西北方向投入战斗。此时在进攻斯大林格勒的德军"B"集团军群编成内作战的兵力已达80多个师。10月15日，德军在一个狭小地段突至斯大林格勒拖拉机厂及其附近的伏尔加河地域。11月11日，他们最后一次企图攻占该市，并在"街垒"工厂以南冲到伏尔加河岸，但其攻势已成强弩之末。18日，斯大林格勒会战的防御阶段结束。德军统帅部企图攻占斯大林格勒的计划宣告破产。

苏军反攻阶段

苏军统帅部在防御阶段就制订了反攻计划，其企图是：从谢拉菲莫维奇、克列茨卡亚两地域的顿河登陆场和从斯大林格勒以南的萨尔帕湖至巴尔曼察克湖地域分别实施突击，粉碎德军各突击集团两翼的掩护军队，并沿卡拉奇、苏维埃茨基向心方向发展进攻，围歼直接在斯大林格勒附近作战的德军主力。反攻开始前，苏军在斯大林格勒方向展开的兵力有西南方面军（近卫第1集团军、第5坦克集团军、第21集团军、空军第17集团军，司令为瓦图京中将）、顿河方面军（第65、第24、第66集团军，空军第16集团军）和斯大林格勒方面军（第62、第64、第57、第51、第28集团军，空军第8集团军），总计110.6万人、火炮和迫击炮15500门、坦克和自行火炮1463辆、作战飞机1350架。

苏军当面之敌是德军"B"集团军群（司令为魏克斯元帅）所属罗马尼亚第3集团军、德军第6集团军和第4装甲集团军、罗马尼亚第4集团军，总

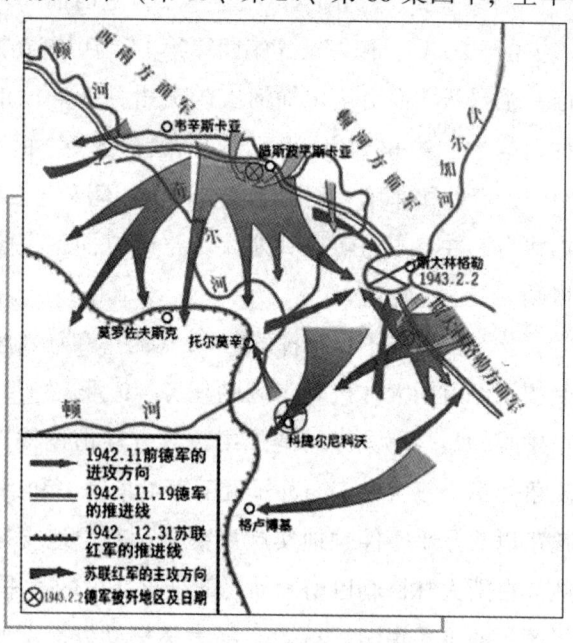

斯大林格勒战役态势图

计 101.1 万人、火炮和迫击 10290 门、坦克和强击火炮 675 辆、作战飞机 1216 架。双方兵力对比，苏军人员比德军多 10%，火炮和迫击炮多 50%，坦克和自行火炮多 1.2 倍，作战飞机多 10%。

11 月 19 日，西南方面军及顿河方面军之第 65 集团军从谢拉菲莫维奇和克列茨卡亚地域实施突击，揭开反攻序幕。日落之前，西南方面军前进 25—35 千米；第 65 集团军因遭敌猛烈抵抗，仅前进 3—5 千米。20 日，斯大林格勒方面军第 57、第 51 集团军及第 64 集团军左翼各兵团从萨尔帕湖至巴尔曼察克湖地域开始反攻，突破德军防御，保障快速兵团进入突破口。上述两个方面军的坦克和机械化部队向卡拉奇、苏维埃茨基方向迅猛对进，并在拉斯波平斯卡亚地域合围罗马尼亚第 3 集团军一部（23 日投降）；近卫第 1 集团军、第 5 坦克集团军、第 51 集团军则向西南面和南面发展反攻，对整个德军斯大林格勒集团构成合围的对外正面。23 日，西南方面军和斯大林格勒方面军的快速兵团在卡拉奇、苏维埃茨基、马里诺夫卡地域会师，合围德军第 6 集团军全部和第 4 装甲集团军一部共 22 个师另 160 多个独立部队，总计 33 万人。苏军步兵兵团到达后构成了绵亘的合围对内正面。30 日前，苏军压缩合围圈，但由于兵力不足，未能从行进间分割和歼灭德军集团。与此同时，向西南和南面进攻的苏军沿克里瓦亚河、奇尔河、顿河、科捷利尼科夫斯基镇以北一线构成了 500 余千米的合围对外正面。

12 月 12 日，德军统帅部集中第 57 装甲军另 4 个步兵师和 2 个骑兵师从科捷利尼科夫斯基镇地域实施突击，以解救其被围军队。苏军随即发起科捷利尼科夫斯基战役（12 月 12—30 日），将这股援军全部击溃。顿河中游的苏军为发展反攻，于 16 日发起顿河中游战役，歼灭 5 个意大利师另 3 个旅，击溃 5 个罗马尼亚师和 1 个德军师，重创德军 4 个步兵师和 2 个装甲师，迫使德军统帅部最后放弃解救被围集团的企图。至 12 月底前，沃罗涅日方面军左翼、西南方面军和斯大林格勒方面军在合围对外正面击溃了驰援之敌，并将其残部击退 150—200 千米，从而为歼灭被围于斯大林格勒附近的德军创造了有利条件。

1943 年 1 月 10 日，顿河方面军（辖第 66、第 24、第 65、第 21、第 57、第 64、第 62 集团军，空军第 16 集团军）经猛烈炮火准备和航空火力准备后转入进攻,开始歼灭被围德军。第65集团军从西面向斯大林格勒方向实施主要突击。炮兵在苏德战争中首次以徐进弹幕射击支援步兵和坦克冲击。12日,苏军逼近德军位于罗索什卡河的第二防御地带。为突破该地带,第65集团军转移到第21集团军地带。方面军各兵团于15日重新开始进攻,17日前到达沃罗波诺沃、大罗索什卡一线,遇到德军顽强抵抗。经22—25日的激烈战斗,苏军粉碎德军在该地的抵抗。26日晚,第21集团军在马马耶夫岗西北坡与从斯大林格勒迎面进攻的第62集团军会师。德军集团被分割成南北两部分。31日,德军第6集团军南集群停止抵抗,保卢斯被俘。

无论从什么角度评论,斯大林格勒战役都是二战中甚至人类战争史上最为惨烈的战役之一。整个战役持续199天。由于战役规模太大,伤亡者人数始终无法得到准确统计。在战役最后阶段,德军仍然对苏军造成了沉重的打击,同时,苏军也几乎消灭了德军的精锐之师第6军团的全部和第4装甲军团部分。许多学者估计轴心国军队在这场战役中共伤亡60万人,其中包括:30万德国军队,15万罗马尼亚军队,7万意大利军队,5万匈牙利军队和5万左右的苏联投降部队。德军伤亡人数中阵亡和俘获的比例非常之高(96000人左右被俘)。斯大林格勒会战后,德军完全丧失了苏德战场的战略主动权。同时,苏联也付出了沉重的代价,苏军具体伤亡人数为:474871人死亡,974734人受

纪念斯大林格勒战役的雕塑"祖国母亲在召唤"

伤。在德军攻入城区的短短一星期内，超过4万苏联市民被杀，而在整个战役中牺牲的平民人数没有准确的统计，但可以说远远超过这个数字。

诺曼底登陆战役

登陆计划

自1941年德国入侵苏联后，苏联红军便一直单独地在欧洲大陆上与德军作战，斯大林就向丘吉尔提出在欧洲开辟第二战场对纳粹德国实施战略夹击的要求，但当时美国尚未参战，英国根本无力组织这样大规模的战略登陆作战。对于苏联的建议，英国的响应只是派出小部队对欧洲大陆实施偷袭骚扰。

1943年5月，英美华盛顿会议，决定于1944年5月在欧洲大陆实施登陆，开辟第二战场。盟军立即开始制定登陆计划，并确定诺曼底为登陆地点。1943年6月26日，盟军开始制定具体计划，以"君主"为作战方案的代号，以"海王"为相关海军行动的代号。

为实施这一大规模的战役，盟军共集结了多达288万人的部队。陆军共36个师，其中23个步兵师，10个装甲师，3个空降师，约153万人。海军投入作战的军舰约5300艘，其中战斗舰只包括13艘战列舰，47艘巡洋舰，134艘驱逐舰在内约1200艘，登陆舰艇4126艘，还有5000余艘运输船。空军作战飞机13700架，其中轰炸机5800架，

斯大林

战斗机 4900 架，运输机滑翔机 3000 架。

1943 年 12 月，美国陆军上将艾森豪威尔被任命为欧洲同盟国远征军最高司令，于 1944 年 1 月 2 日抵达伦敦就任。艾森豪威尔阅读了摩根计划，认为突击正面太窄，在最初攻击中缺乏足够的突击力量，提出修改意见，把登陆正面扩大到 80 千米，第一梯队由 3 个师增加到 5 个师，登陆滩头也从 3 个增加到 5 个，空降兵从 2 个旅增加到 3 个师，这一意见得到最高司令部三军司令的支持。

1944 年 2 月，英美联合参谋长委员会批准了"霸王"计划大纲和修改后的作战计划，但是随之对登陆舰艇的需求也增加了。为了确保拥有足够的登陆舰艇，英美联合参谋长委员会决定将登陆日期推迟到 6 月初，并且将原定同时在法国南部的登陆推迟到 8 月。

由于登陆日（代号 D 日）推迟到 6 月初，盟军统帅部开始确定具体的日期和时刻，这是一个复杂的协同问题，各军兵种根据自己的需要提出不同要求，陆军要求在高潮上陆，以减少部队暴露在海滩上的时间；海军要求在低潮时上陆，以便尽量减少登陆艇遭到障碍物的破坏；空军要求有月光，便于空降部队识别地面目标，最后经认真考虑，科学拟定符合各军种的方案，在高潮与低潮间登陆，由于五个滩头的潮汐不尽相同，所以规定五个不同的登陆时刻（代号 H 时），D 日则安排在满月的日子，空降时间为凌晨 1 时，符合上述条件的登陆日期，在 1944 年 6 月中只有两组连续三天的日子，6 月 5 日至 7 日，6 月 18 日至 20 日，最后选用第一组的第一天，即 6 月 5 日。

战役目的是横渡英吉利海峡，在法国北部夺取一个战略性登陆场，为开辟欧洲第二战场最终击败德国创造条件。战役企图是在诺曼底登陆，夺取登陆场，在登陆的第 12 天，把登陆场扩展到宽 100 千米，纵深 100 千米。计划在登陆场右翼空降两个美国伞兵师，切断德军从瑟堡出发的增援，并协同登陆部队夺取"犹他"滩头；在左翼空降一个英国伞兵师，夺取康恩运河的渡河点，然后首批八个加强营在五个滩头登陆，建立登陆场。在巩固和扩大登陆场后，后续部队上岸，右翼先攻占瑟堡，左翼向康恩河至圣罗一线发展，掩护右翼部队的攻击；第二阶段攻占冈城、贝叶、伊济尼、卡朗坦；第三阶段攻占布列塔尼，向塞纳河推进，直取巴黎。

德军的准备

1944年5月，德军在东线苏联战场有179个师和5个旅，约占德军总兵力的65%。在西线的法国、比利时、荷兰，只有归西线总司令陆军元帅龙德施泰特指挥的58个师，其中33个海防师，15个步兵师，8个装甲师，2个伞兵师。即使再加上由希特勒亲自指挥的战略预备队2个装甲师，总共才60个师，约76万人。西线司令部所属的58个师，编为2个集团军群，共4个集团军。B集团军群由陆军元帅隆美尔指挥，驻守法国北部，共39个师，是西线德军的主力。下辖第15集团军，司令是萨尔穆特上将，驻加莱，拥有包括14个海防师，4个步兵师，5个装甲师在内共23个师；第7集团军，司令是多尔曼上将，驻布列塔尼半岛，拥有包括8个海防师，5个步兵师，1个装甲师在内共14个师。G集团军群，由布拉斯科维兹上将指挥，驻守法国卢瓦河以西地区，共有19个师。下辖第1集团军，司令为谢瓦莱里中将，驻比利时，共10个师；第19集团军，司令为松德施泰因中将，驻法国南部，共9个师。

西线德军装甲部队总共有10个装甲师和3个重型坦克营，其中6个装甲师是由希特勒亲自指挥的，而且德军统帅部认为坦克不适宜于在海滩使用，所以部署在海滩附近地区的装甲部队仅有驻卡昂的第21装甲师，只有127辆四号坦克和40辆III型自行坦克突击炮。

海军兵力为驱逐舰5艘，潜艇49艘，远洋扫雷舰6艘，巡逻

德国西线总司令陆军元帅龙德施泰特

舰116艘，扫雷艇309艘，鱼雷艇34艘，炮艇42艘，总共才561艘中小军舰，实力非常弱小。

空军为第3航空队，作战飞机约450架，其中战斗机160架。与盟军作战飞机数目相比，处于1∶30的绝对劣势。在诺曼底地区守军为第7集团军所属的6个师又3个团，其中3个海防师，战斗力较弱；2个步兵师，1个装甲师，战斗力稍强；3个团是2个独立步兵团和1个伞兵团，总兵力约9万人。防御工事也比较薄弱，只构筑了若干钢筋混凝土的独立支撑点，大部分工事都是野战工事，纵深也只设置了少量防空降障碍物。1944年3月德军部署在法国的装甲部队只有一个满员的装甲师，即第21装甲师。希特勒1944年4月判断诺曼底将是盟军的登陆地点，要求加派兵力，隆美尔根据这一指示，将原驻圣洛的第352步兵师调到诺曼底，正是这个新调来的精锐师给在"奥马哈"滩头的美军带来灭顶之灾。

德国为抗击盟军的登陆，早在1941年12月起就开始构筑沿海永久性防御工事。1942年7月20日，希特勒下令从挪威北部至西班牙海岸构筑由1.5万个坚固支撑点组成的防线，也就是所谓的大西洋壁垒，希特勒要求在1943年5月1日之前完成，实际上直到1944年5月，除加莱地区外，在960千米的广阔海岸线上，只修筑了少数相距遥远的零星支撑点，在塞纳—马恩河以东地区完成了68%，塞纳—马恩河以西地区仅完成了18%。海岸炮兵方面，德军部署在法国西部沿海地区的大口径火炮主要有：格里角地区有4门280毫米和3门381毫米岸炮、维梅纳地区有3门305毫米岸炮、桑卡特西部地区有3门406毫米岸炮。而由于盟军情报机关的卓越努力，

德军西线B集团军群司令隆美尔

使德军最高统帅部认为挪威将是盟军优先夺取的地区，反而投入大量人力物力，在挪威沿海修建了350座可部署88毫米到381毫米火炮的炮台。此外，德国还有一项优先建设的工程是海峡群岛设防工程，至1944年共建成11座配备38门210毫米至305毫米火炮的炮台，这一工程在战略上毫无意义，只是浪费了大量宝贵的人力物力。

因此，被德国宣传部门大肆渲染的大西洋壁垒，实际只是徒有虚名而已。倒是隆美尔元帅就任B集团军群司令后，非常重视对沿海地区的防御建设，亲自率领特派代表团实地视察了从丹麦、荷兰、法国的沿海防御情况，并特别要求前沿防御要前推至海中，从高潮线开始，在深海中布设水雷，在浅海中设置障碍物，这些斜插入海的木桩被盟军称为"隆美尔芦笋"，海滩上则是锯齿状的混凝土角锥、坦克陷阱，其间还布设大量地雷，在能俯视海滩的制高点构筑隐蔽火力点，海滩后面的开阔地区，则布设了大量防机降的木桩，布置这些爆炸物和障碍物，工程浩大，直到盟军发起登陆时，仅仅完成了一部分，即使这样也给盟军登陆造成了不小损失。

登陆作战

1944年6月6日，盟军在诺曼底的五个海滩开始登陆了。宝剑海滩紧邻奥恩河口的兀斯特罕港，是"大君主作战"五个抢滩地中，最东边的一个海滩，而法国北部的航运中心康城，便位于海滩南边9英里处。从宝剑滩东边登陆的英军部队在抢滩后，很快地便击溃德军轻装步兵的火力，并于午后与先前空降内陆的伞兵部队会合。但从宝剑滩西边登陆的英军，则遭到德军第21师坦克部队的顽强抵抗，无法顺利与从朱诺海滩登陆的加拿大部队会师。双方一直激战至黄昏后，盟军才成功击退德军的装甲部队。当天登陆的29000名英军中，伤亡人数仅有630人。

以库赛叶栩美港为中心向两侧伸展的朱诺海滩登陆区，宽约6英里，德军的轻装步兵便部署于海滩沙丘后方的村落中，这样的地形优势对必须穿越沙丘进攻的盟军部队而言，是极大的威胁。登陆作战一开始便极为惨烈，有三分之一的盟军登陆艇惨遭德军的水雷和障碍物摧毁。加拿大的攻击部队虽然很轻易地越过沙滩，却在沙丘前遭到德军火力无情的攻击，使得首波进攻部队的伤亡率高达50%。接近中午时分，加拿大部队才占领了沿岸的城镇，向内陆挺进，并与来自黄金海滩的英军会师。参与朱诺登陆战的官兵共21400名，伤亡人数则为1200人。

黄金海滩是整个登陆行动的中心点，登陆的时间则比犹他和奥马哈海滩的登陆行动晚了一个小时。由于涨潮和海相不佳的缘故，盟军无法彻底清除海域中布雷和障碍物，这也使得想迅速抢上滩头的英军陷入苦战。德军在滨海小城利维拉和阿梅尔部署重兵防守，还在离海岸500米的内陆设置了4门重炮，直接瞄准海岸。英军在皇家海军"艾杰克斯"号的强力炮火轰击下，终于摧毁这4门重炮，压制了德军的防卫火力。在入夜之前，已有25000名盟军顺利登陆，并迫使防守的纳粹部队往内陆撤退6英里。英军仅有400名官兵伤亡。

奥马哈海滩是诺曼底登陆战役中战斗最为激烈的海滩。盟军在奥马哈滩头遭受了巨大的损失，仅阵亡者就达2500人，因此又称"血腥奥马哈"。奥马哈海滩全长6.4千米，海岸多为30几米高的峭壁，地形易守难攻。这里的登陆作战任务由美军第9军承担。盟军由于情报有误，认为这里的德军守备部队只有一个团的兵力，还多是后备役人员，没有装甲车辆，战斗力很差。而实际上隆美尔在3月将德军精锐的352步兵师全部调往诺曼底，而352师的一个主力团就驻守在奥马哈滩头。可惜直到登陆部队出发后盟军情报机关才找到352师的下落。

登陆当天天气状况极端恶劣，盟军在登陆前就因风浪过大损失了10艘登陆艇和300余名官兵。在登陆艇上的官兵多为晕船和湿冷所苦，还没到达作战地点就基本精疲力尽了。登陆作战开始后也非常不顺，海滩西段预备的32辆水陆坦克中有27辆刚一下海就因风浪过大而沉没，幸存的5辆坦克中还有2辆很快被德军炮火炸毁。由于潮汐影响和秩序混乱，登陆的美军士兵很多都搞不清方向和集合点，大批士兵挤在滩头任凭德军炮火攻击。整整两个小时的时间里美军没有一名士兵在西段冲上海滩，在东段也仅仅占领了9米宽的一段海滩，登陆行动几乎完全失败。

然而美国海军为奥马哈海滩带来了转机。由于海滩登陆部队长时间没有任何联络传来，海军指挥官意识到奥马哈海滩上的形势可能已经极为严峻，于是17艘驱逐舰不顾触雷、搁浅和被155毫米海岸炮炸翻的危险前进至距海滩仅730米处，在近距离为登陆美军进行火力支援。而美军的敢死队此时也爬上了霍克海角，结果发现所谓155毫米海岸炮居然是电线杆伪装的。没了后顾之忧的海军肆无忌惮地向德军据点倾泻炮弹，先前被堵在海滩上的美军也在精锐部队第1师的带领下开始冲锋。中午时分登陆部队第二梯队提前登陆。而在空军的指引下，美国海军的战列舰和巡洋舰也开始对岸射击，德军的防御至此基本崩溃。

天黑时美军正式登陆成功，第5军军部上岸并开设了指挥所。军长罗杰少将上陆后立刻发电报给布莱德利："感谢上帝缔造了美国海军。"

犹他海滩位于卡伦坦湾的西侧，是一处宽约3英里、被覆着低矮沙丘的沙滩。盟军实际登陆的地点，虽然比预定地往东偏了一英里，不过还好德军在登陆点部署的兵力并不多。攻击行动展开后，仅仅3小时内，盟军部队就跨越了滩头，掌控了沿海的公路；当天中午之前，登陆部队便与5小时前空降于敌后的空降部队碰头；而到了当天午夜，盟军不但已成功达成此次登陆预订的作战目标，更向内陆推进了4英里。在所有登陆作战中，犹他滩登陆是伤亡人数最少的一场战役，23000名官兵中，仅有197名伤亡人员。

战役结局和影响

德军在D—DAY组织反击只有第21装甲师，可是师长不在指挥岗位，参谋长无权调动集结部队，他只好将手上仅有的24辆四号坦克派去攻击卡昂以东的英军。因为仓促出动，准备不足，加上没有步兵伴随支持，被英军轻而易举击退。当天下午，师长费希丁格赶回师部，集结所属部队向朱诺海滩和剑海滩之间的卢克镇发动攻击，当时盟军在这两海滩之间尚有数千米的空隙，德军的这一反击正打在盟军的要害，将会给盟军带来不小困难。正当第21装甲师在行进间，盟军的500架运输机正从头顶飞过，为英军第6空降师运送后续部队和补给，而费希丁格误认为盟军空降伞兵正是要前后夹击己部，惊慌失措不战自乱，放弃反击匆忙后撤。除此之外德军在D日就再没什么反击了。

6月7日，希特勒将西线装甲集群的5个装甲师的指挥权交给隆美尔，隆美尔决心凭借这支精锐部队大举反击，但面对严峻局势，他不得不把反击的第一个目标定为先阻止盟军将五个登陆滩头连成完整的大登陆场，其次再确保卡昂和瑟堡。可惜这支装甲部队从100～200千米外赶来，一路上在盟军猛烈空袭下，根本无法成建制投入作战，即使零星部队到达海滩，也在盟军军舰炮火的轰击下伤亡惨重，再没了往日的威风。就这样6月7日整个白天在盟军海空军绝对优势火力下，德军无力发动决定性的大规模反击。

德国法西斯头子希特勒

盟军登陆后，在七天里共登陆士兵32.6万，物资10.4万吨，并继续向欧洲大陆运送更多的人员、物资、装备和补给。诺曼底登陆的胜利，宣告了盟军在欧洲大陆第二战场的开辟，使纳粹德国陷入两面作战的不利境地，减轻了苏军的压力，有利地配合苏军最终攻克柏林，加快了第二次世界大战的结束。